Alexander Kissler

Widerworte

Warum mit Phrasen
Schluss sein muss

Die Sprache wurde einmal erfunden, um sich zu verständigen und um etwas auszudrücken.
Heute soll mit der Sprache etwas versteckt werden.
(Felix Magath)

INHALT

EINLEITUNG

Fünfzehn Phrasen, denen widersprochen werden muss

Wer über die Worte bestimmt, der beherrscht das Denken. Wer ein neues Denken etablieren will, muss den Worten einen neuen Sinn geben. Solche Umwertungsversuche hat es immer gegeben, und es gibt sie heute. Der Begriff »Mut« etwa meint manchmal die Tugend dessen, der im Widerspruch zu den herrschenden Tendenzen seiner Zeit handelt, und manchmal ist er nur das Etikett auf einem gewünschten Konsumverhalten. Mutig soll es nach dem Willen der werbetreibenden Industrie sein, gewisse Möbel zu kaufen, eine gewisse Ernährungsform zu befolgen, die richtigen exotischen Urlaubsziele anzusteuern. Oder seine Zustimmung zur Mehrheit zu signalisieren. »Sei mutig, sei du selbst«, wird dann praktisch zu: »Sei wie alle anderen!«

Lange freilich, bevor es zu einer globalen Umwertung der Worte kommt, die vom Sinn den Laut zurücklässt und diesen neu beschriftet, gibt es ein Interregnum der entleerten Begriffe. Wenn die Zeichen nicht trügen, befinden wir uns in einer solchen Zwischenphase. Im Interregnum sind die vertrauten Worte alle noch da, und sie rufen noch den bekannten Sinn hervor. Heimat ist die Gegend, der man entstammt, Respekt die Achtung, die ein Mensch aufgrund seiner Taten oder seiner Überzeugung verdient, Solidarität der verlässliche Zusammenhalt in schwieriger Zeit, Menschlichkeit das moralische Minimum und Angst die Wachsamkeit nach schlimmer Erfahrung. Durch ihre ritualisierte Verwendung zu strategischen Zwecken jedoch passen die Worte nicht mehr in den Kontext, in dem man sie aufruft. Sie werden zu Platzhaltern, Leerstellen, verbalem Treibsand – und behaupten doch das Gegenteil.

Der Ausdruck ist im Interregnum nicht zur Lüge geworden, aber zur Phrase, zum Allgemeinplatz, der das Denken verriegelt. Die Phrase ist allgegenwärtig, weil sie konkurrenzlos bequem eingesetzt werden kann. Sie täuscht die Tiefe eines Gedankens vor, den ein anderer gedacht hat. Sie simuliert Originalität. Sie inszeniert Individualität. Sie bedürfte der Auslegung, die sie durch ihren rhetorischen Gestus und ihren Kontext gerade verhindern will. Sie gibt sich differenziert und ist ein einziges Basta. Sie klingt nach individueller Sorge und ist ein kollektives Herrschaftsinstrument. Deshalb ist die Politik das natürliche Habitat der Phrase.

Der französische Schriftsteller Léon Bloy veröffentlichte 1902 und 1912 seine zweibändige »Auslegung der Gemeinplätze«. Sie besteht aus insgesamt 127, wie es im Vorwort heißt, Klischees oder Redensarten oder »abgedroschenen Sentenzen«. Bloy wollte zeigen, dass sich hinter gedankenlos dahingeplapperten Sätzen oder Ausdrücken wie »Das Bessere ist des Guten Feind«, »Man kann nicht alles haben«, »Ohne Schweiß kein Preis«, »Man stirbt nur einmal«, »Zeit ist Geld« ein Sinn verbergen kann, der der unmittelbaren Behauptung glatt entgegensteht. Im Eintrag »Der Fanatismus« heißt es kühl, »Fanatismus – das ist, wenn man in Hinsicht auf etwas Beliebiges ja oder nein sagt.« Der Begriff wurde durch ständigen Gebrauch und durch die Zeitumstände vom Ausnahmetatbestand zum Regelfall. Nicht mehr die extreme, sondern bereits jede klar umrissene, feste Meinung zieht sich den Vorwurf des Fanatismus zu. Gefragt ist laut Bloy das allzeit geschmeidige Sowohl-als-auch, die nette Unverbindlichkeit. Geschieht heute Vergleichbares mit den Begriffen »Hetze«, »Hass«, »Alternativlosigkeit«?

Am Beispiel von »Geschäft ist Geschäft« erläutert Bloy, wie Phrasen funktionieren: »Von allen gewöhnlich so respektablen und sachlichen Gemeinplätzen halte ich diesen hier für den gewichtigsten, für den erhabensten. Er ist der Nabel aller Gemeinplätze, er ist der Schlüsselsatz des Jahrhunderts. (…) Es ist unmöglich, haargenau zu sagen, was das ist – das Geschäft. Es ist die geheimnisumwobene Gottheit, etwas wie die Isis der Großschnauzen, von der alle anderen Götter verdrängt werden. (…) Geschäft ist Geschäft, wie Gott Gott ist, das heißt jenseits aller Erklärungen. Das Geschäft ist das Unerklärliche, das Unbeweisbare, das Unbeschreibliche, und zwar so weitgehend, dass es genügt, diesen Gemeinplatz auszusprechen, um auf der Stelle alle Vorwürfe, alle Wutausbrüche, alle Klagen, alle Bitten, alle Entrüstungen und alle Gegenanklagen zum Verstummen zu bringen. Wenn man diese Fünf Silben ausgesprochen hat, ist alles gesagt; man hat auf alles Erdenkliche geantwortet, und es besteht keinerlei Hoffnung mehr auf fernere Offenbarung.«

Die bewährte Phrase beendet jenen Dialog, für den sie wirbt. Und hat im Zentrum eine allgemeine Leere – unerklärlich, unbeweisbar, unbeschreiblich –, die das Kleid des Besonderen und Konkreten sich übergeworfen hat. In der Politik sorgen Phrasen dafür, dass verlautbart und monologisiert und applaudiert werden kann, ohne das Risiko der Widerrede einzugehen. Phrasen vermitteln den irrigen Eindruck, sie wären das

Ergebnis eines langen Nachdenkens; dabei stehen sie dessen Beginn breit und feist im Weg. Stoppschilder sind sie, nicht Wegweiser. Schon Ambrose Bierce, ein amerikanischer Schriftstellerkollege Bloys, verzweifelte schier an den durch moralischen Dauergebrauch oder strategische Instrumentalisierung ausgeleierten Worten. Er schrieb zwischen 1869 und 1906 an seinem ebenso süffigen wie gehässigen »Wörterbuch des Teufels«, streng alphabetisch geordnet. »Redekunst« definierte er darin als eine »Verschwörung zwischen Sprache und Handeln zu dem Zweck, den Verstand zu hintergehen.« Das Adjektiv »widerlich« beschreibe die »Eigenart fremder Meinungen«.

Der Publizist Gabor Steingart schrieb Mitte Oktober 2018 nach der bayerischen Landtagswahl mit fast Bierce'scher Bissigkeit: »Alle besitzen heute verbriefte Rechte, um sich wehren zu können. Nur die Worte nicht. Sie werden entwurzelt, entführt und schließlich misshandelt, als sei die Geschichte der menschlichen Zivilisation grußlos an ihnen vorbeimarschiert. Alle sprechen vom Tierwohl, das Wohl der Worte wird weiträumig ignoriert. Andrea Nahles sagt ›Erneuerung‹ und meint doch nur wieder sich selbst. Horst Seehofer spricht von ›gründlicher Analyse‹ und übersetzt das mit ›jetzt nicht‹. Alle Wahlverlierer verlangen nach ›Klarheit und Wahrheit‹ und meinen damit die Vertuschung derselben. Wer ›Rücktritt‹ sagt, hat ausschließlich den des Gegners im Sinn. Jeder erklärt jeden zum ›Populisten‹ und will damit doch nur den Andersdenkenden diffamieren. So wird die demokratische Unmöglichkeit zur neuen Normalität.«

War das je anders, ließe sich entgegnen. Wann ging man zu Politikern, um dort Klarheit und Wahrheit zu bekommen, reinsten Wassers? Dürfen Politiker überhaupt mit ihrem Herz auf der Zunge hausieren gehen, wenn ihr Tagesgeschäft darin besteht, hinter verschlossenen Türen Kompromisse zu erzielen? Doch die Lage ist verzwickter denn je. Das rhetorisch-moralische Tremolo der Politik läuft zunehmend hohl und wird befeuert durch eine öffentlich-mediale Redeweise, die die Implosion der Begriffe im Gleichklang vorantreibt. In einer liberalen Republik sollte es ein Gegenüber geben, einen oppositionellen öffentlichen Geist, wie er sich etwa in den 1960er und 1970er Jahren manifestierte. Wohin ist er entschwunden?

Man lese etwa beim linken Sozialphilosophen Ulrich Sonnemann, einem Vor- und Mitdenker der Studentenbewegung, wie sehr er sich über den Konformitätszwang in Adenauers Deutschland, dieser »einheitlichen Banausokratie«, empören konnte. In seinem 1964 erschienenen Buch über »Die Einübung des Ungehorsams in Deutschland« wandte er sich explizit gegen die »Diffamierung des Dagegenseins«. Sonnemann beklagte bitter, dass der Staat in Deutschland »nicht Funktion menschlicher Freiheit ist, sondern umgekehrt: er selbst also sie dem Volk erst gewährt.« Der staatsfromme Bürger, der sich Freiheit gerne zuteilen lässt, weil er es in ihrem Zuviel nicht aushielte: Ist diese deutsche Malaise wirklich Vergangenheit?

Damals war, in Sonnemanns Worten, »die Freiheit, welche die Vernunft ebenso postuliert wie voraussetzt, (...) in Deutschland (...) kein Besitz, sondern immer noch eine Aufgabe.« Ist sie, die Freiheit, heute errungen, oder sind die faktischen Fortschritte durch mannigfach ausdifferenzierte neue Freiheitsrechte nur Bruchstücke, die neue Unfreiheiten mit sich tragen? Damals, 1964, war der Deutsche laut Sonnemann ein gehorsamkeitsfixiertes Gewohnheitstier. »Ein Wort wie Einmütigkeit«, schrieb er, »schwellt heute noch (…) dem Durchschnittsdeutschen das anderweitig so langsame Herz, weit entfernt ist er, sich zu schütteln, wie er doch sollte, wenn er es hört oder anwendet: Beschlüsse, das ist seine feste Überzeugung, sind umso besser, je einmütiger sie gefasst werden.« Der Deutsche, ein Stabilitätsnarr im Konsenswahn: Ist das so lange her? Oder gilt Kritik, die heute vor allem eine Kritik der Phrase sein muss, noch oder wieder als Unbotmäßigkeit?

Es war ebenfalls Ulrich Sonnemann, der der Kraft des aus den Fängen der Phrase befreiten Wortes vertraute: »Überraschen kann das Wort, wo es am genauesten, festesten, hellsten, kurz aufklärendsten ist«. Wo es den Allgemeinplatz verlässt und sich erklärt, gelegen oder ungelegen. Kurt Tucholsky hätte da zugestimmt, denn »nichts ist schwerer und erfordert mehr Charakter, als sich im offenen Gegensatz zu seiner Zeit zu befinden und laut zu sagen: Nein.«

Eben darum muss mit Phrasen Schluss sein: damit das Denken beginnen und die Freiheit wachsen kann.

KAPITEL 1

»Heimat gibt es auch im Plural«

Es nahm kein gutes Ende mit der »Neuen Heimat«. Die gleichnamige Immobiliengesellschaft des Deutschen Gewerkschaftsbundes musste Ende der 1980er Jahre abgewickelt werden. Mehrere Vorstandsmitglieder hatten sich persönlich bereichert, die Schulden waren enorm gestiegen. Damit verschwand ein vorbelasteter Name endgültig vom Markt. Schon die Nationalsozialisten hatten unter derselben Überschrift Wohnungen gebaut und verwaltet, vornehmlich für Arbeiter. Lag das finale Fiasko der »Neuen Heimat« nur an Missmanagement und Korruption? Oder wurde da von Anfang an ein falscher Traum verkauft? Kann es eine neue Heimat geben für den, der umzieht, weil er es will oder muss?

Heute sind wir einen Schritt weiter. Nicht mehr die Frage, ob es eine neue Heimat geben kann, beschäftigt die spätmoderne Multioptionengesellschaft, sondern die Frage, ob ein Mensch mehrere Heimaten haben kann. Nicht nur sprachlich lauern da Herausforderungen. »Plural selten« steht im Sprachlexikon hinter der Form »Heimaten«. Kein Wunder, ist Heimat doch etymologisch der Ort, wo der Mensch sein Heim gefunden hat, wo er daheim ist. Man kann sich beheimaten, kann heimatverwurzelt oder heimatvertrieben sein, kann heimgehen, heimkommen, heimkehren. Bewegungen sind damit beschrieben, die ein klares Ziel haben und nur eines. Heimat ist demnach, wo man ankommt aus der Ferne. Wo man aufbricht, kann nicht schon Heimat sein, sonst wäre es ein Kreislauf, unterschiedslos, bitter, von Heimat über Heimat zur Heimat. Wenn alles Heimat wäre, gäbe es keine.

Dennoch war es dem deutschen Bundespräsidenten Frank-Walter Steinmeier von der SPD wichtig, in seiner Rede am Tag der Deutschen Einheit 2017 zu sagen und im Mai 2018 zu bekräftigen: »Heimat gibt es auch im Plural. Ein Mensch kann mehr als eine Heimat haben und neue Heimat finden. Das hat die Bundesrepublik für Millionen von Menschen bewiesen, und es hat uns bereichert.« Besagte Bundesrepublik – es ist wohl die deutsche gemeint – ist in der Tat ein Fleckenteppich verschiedener Herkünfte. Steinmeier sprach im Mai 2018 vom »Respekt vor der Vielfalt unserer Wurzeln«. Lassen wir hier offen, ob bloße Vielfalt, eine schiere Menge also, schon Anspruch auf »Respekt« habe – eher: nein, hat sie nicht –, was Respekt eigentlich meint (siehe dazu die Kapitel 2 und 4) und wenden uns der Steinmeier'schen Doppelthese zu. Sie lautet: Es gibt Menschen mit mehreren Heimaten, und diese mehrfache Verwurzelung tut Deutschland gut.

Bei Letzterem ergeben sich freilich neue Schwierigkeiten, diesmal botanische, nicht sprachliche. Keine Pflanze, kein Baum ist bekannt, der mehrere Wurzelgeflechte hätte. Wurzeln können tiefer reichen oder flacher gründen, doch es ist immer ein und dasselbe Geflecht. Wurzeln wandern nicht, sie teilen sich mit. Auf diesem Gedanken basiert die philosophische Weltbegründung Emanuele Coccias, »Die Wurzeln der Welt«. Und der Mensch, ein Naturwesen auch er, soll desto stärker die spätmoderne Welt bereichern, je überzeugter er darauf beharrt, mehrere Wurzeln zu haben? Das fasse, wer es kann.

Der deutsche Schriftsteller Rudolf Borchardt, der sich zuweilen zu den Heimatlosen rechnete und weite Teile seines Lebens in der Toskana verbrachte, wusste schon in der Weimarer Republik: »Wir haben eine gemeinsame Wurzel, aber unsichtbar tief im Boden.« Die Deutschen seien »nicht wirklich uneinig, wir sind verschieden.« Eine solche »deutsche Vielfachheit« mache Deutschland als Idee wie als Realität geradezu aus. Borchardt meinte damit den Reichtum der Regionen und Stämme, zwischen Königsberg und München, Köln und Berlin, aber auch die »gemeinsame Bildungsgeschichte«. Irgendwann erwächst aus dieser für jeden Zugewanderten, Angekommenen, Heimatlosen die Zugehörigkeit zu dieser und keiner anderen Heimat – oder die bewusste Abkehr. In Italien begriff sich Borchardt mit wachsender räumlicher und zeitlicher Distanz als programmatischen Deutschen. Im Barbarismus der Nationalsozialisten sah er, der Preuße jüdischer Herkunft, einen Verrat deutscher Traditionen. Er trug seine Wurzel mit sich, verpflanzte sie in fremder Erde, ohne neue Wurzeln auszubilden. Verhält es sich mit Mesut Özil und Ilkay Gündogan anders?

Die beiden Profifußballer vom FC Arsenal London und von Manchester City besuchten im Mai 2018 auf ihren eigenen Wunsch oder auf sanftes Drängen des DFB hin Bundespräsident Steinmeier auf Schloss Bellevue. Danach gab das Staatsoberhaupt die Worte von der »Heimat im Plural« von sich. Harmonie und Normalität sollten vermittelt werden. Die beiden Millionäre in sportiver Kleidung, sakkolos, krawattenfrei, stehen auf dem Foto, das vom Dreiergipfel Kunde gibt, einigermaßen lässig, leicht gebogen, neben einem lächelnden Schlossherrn. Alles gut, alles supi. Die Fußballweltmeisterschaft in Russland stand vor der Tür und keinem der Beteiligten der Sinn nach Eskalation oder Prinzipienstreit.

Özil und Gündogan sind deutsche Fußballnationalspieler. Beide wurden in Deutschland geboren, beide im nordrhein-westfälischen Gelsenkirchen. Dennoch hatten sie wenige Tage zuvor mit dem türkischen Staatspräsidenten Erdogan in London für ein Foto posiert. Özil lacht darauf sehr herzlich und schaut gelöster aus als auf den meisten überlieferten Fotos an der Seite von Nationaltrainer Joachim Löw oder bei seiner Stippvisite bei Präsident Steinmeier. Der 27-jährige Gündogan hatte Erdogan ein Trikot mit handschriftlicher Widmung überreicht: »Mit großem Respekt für meinen Präsidenten«. Daran entzündete sich jener öffentliche Streit, der auf Bellevue beendet werden sollte.

Beide deutschen Staatsbürger hatten die Taktlosigkeit begangen, einem autokratischen Herrscher in dessen Wahlkampf mit propagandistisch verwertbaren Fotos beizuspringen. Schaut her, konnte der Freiheitsfeind und Kriegsherr vom Bosporus nun sagen, schaut, ihr lieben Türken weltweit und besonders in Deutschland, eure Fußballidole zeigen sich gerne mit mir, ich bin ein Ehrenmann, wählt mich. Dieser Interpretation müssen sich beide Fußballer bewusst gewesen sein. Gündogans schriftliche Ehrerbietung für »seinen« Präsidenten machte aus politischer Torheit eine Staatsaffäre. Wie kann ein gebürtiger Deutscher einen Türken zum Oberhaupt seines, des Deutschen Landes erklären? Zumal Gündogan keine doppelte, sondern nur die deutsche und Erdogan nach allem, was wir wissen, nur die türkische Staatsbürgerschaft besitzt.

Ilkay Gündogan erklärte nach der Rückkehr von Bellevue am 19. Mai auf Facebook: Er bekenne sich »zu Deutschland und der deutschen Nationalmannschaft«, habe aber durch seine »Familie auch eine türkische Seite« in sich; er respektiere die Liebe seiner Eltern »zu ihrer Heimat und zu ihrem Dorf, in dem auch meine Großeltern noch leben und das für meine Familie ein zweites Zuhause nach Gelsenkirchen ist.« Davon abgesehen, dass auch hier das Wort Respekt in einer Weise gebraucht wird, die es zum gegenwärtig am meisten missverstandenen Wort macht, ist Gündogans Unterscheidung zwischen Heimat und Zuhause frappant. Die Eltern, die seit mindestens 30 Jahren in Deutschland leben, haben demnach nur eine Heimat, die Türkei. Er selbst nennt die Türkei sein »zweites Zuhause nach Gelsenkirchen«, wodurch er eine Reihenfolge der Zugehörigkeiten statuiert, in der der Türkei der zweite Platz zukommt, jedoch beide Länder gleichermaßen auf den Rang eines Zuhause zurückstuft.

Bekanntlich gibt es ein »Zuhause auf Zeit« – mit diesem Slogan werben möblierte Appartements um wochen- oder monateweise Belegung –, jedoch keine Heimat zur Miete. Die Frage nach Ilkay Gündogans persönlicher Heimat lässt der Nationalspieler hier unbeantwortet. Wer sich zu einem Land bekennt, muss es nicht unbedingt als seine Heimat empfinden. Rudolf Borchardt hat sich in den 1930er Jahren sehr zu seinem langjährigen Gast- und Schutzland Italien bekannt, ohne es deshalb zur Heimat erklären zu können. Er blieb Deutscher, er hatte keine »deutsche Seite« in sich.

Den Bundespräsidenten ficht solche Unterscheidung nicht an. In der von ihm im Selbstzitat paraphrasierten Rede zur Deutschen Einheit am 3. Oktober 2017 hatte Frank-Walter Steinmeier bereits ausgeführt, »wir müssen noch mehr tun, um Frieden zu stiften und die Not in großen Teilen Afrikas zu wenden«, und erklärt: »Je schneller die Welt sich um uns dreht, desto größer wird die Sehnsucht nach Heimat. Dorthin, wo ich mich auskenne, wo ich Orientierung habe und mich auf mein eigenes Urteil verlassen kann. (...) Die Sehnsucht nach Heimat – nach Sicherheit, nach Entschleunigung, nach Zusammenhalt und vor allen Dingen Anerkennung –, diese Sehnsucht dürfen wir nicht den Nationalisten überlassen. (...) Heimat ist der Ort, den wir als Gesellschaft erst schaffen.«

Stimmt das? Heimat als Wohlfühloase wechselseitiger Anerkennung, als produktive Diskursgemeinschaft der gerade an einem Ort Versammelten? Dann wäre Heimat ein stationäres Phänomen, heute hier, morgen da und immer im Werden. Die Gesellschaft wäre ihr Baumeister, der nie ans Ende käme. Heimat: ein ideeller Großflughafen nach Art des Berliner BER. Ein gedankliches Richtfest bei allzeit fehlenden Wänden, auf schwankenden Planken. So kann man es sehen, so sehen es viele, so überzeugt es nicht. Die Rede von den multiplen Identitäten kommt uns geschwind über die Lippen, ehe wir ihren Inhalt begriffen, geschweige denn erfahren hätten. Natürlich ist der Mensch ein vielfach gemischtes Wesen, seinen Launen ebenso ausgesetzt wie seinen Hormonen. Wertmaßstäbe verändern sich lebenslang, Aufenthaltsorte nicht minder, Vorlieben und Abneigungen wechseln, das Ja von heute kann zum Nein von morgen werden.

Bei Botho Strauß heißt es einmal, so sei es um uns alle bestellt, »heute Hymniker, morgen Zyniker«. Natürlich. Doch diese innere Flexibilität verlangt nach einer überwölbenden Kontinuität, nach einem Ich, das jeden Wandel übersteht und ihn darum gestalten kann, nach Identität also. Der Mensch ohne Identität – und das ist der Mensch ohne Heimat – wäre billigste Beute aller politischen wie ökonomischen Manipulationsversuche; wird er deshalb derart eifrig beschworen? Ist Identität, ist Heimat das letzte Bollwerk wider die Banalität des Blöden?

Selbst Kirchenfunktionäre reden mittlerweile der Unbehaustheit das Wort. Der katholische Erzbischof Reinhard Marx sagte im Juli 2016 beim Jahresempfang der Erzdiözese München und Freising, die Kirche müsse »offene Identitäten« befördern. Vermutlich war damit zunächst gemeint, jeder müsse sich ernst genommen, jede akzeptiert fühlen in der für alle offenen Kirche. Identitäten aber, Seinsbestimmungen der Individuen, können nur insofern offen sein, als sie auf je neue Nachfrage treffen. Der Mensch an sich hat eine Identität, hat eine Heimat, welche Häutungen auch immer er durchlaufen mag. Einmal nur wird es gegeben haben den Klang der Muttersprache, den Geruch der frühen Jahre, die Farben des Herkommens. Heimat ist, wo du zum ersten Mal geliebt hast, angenommen wurdest, angenommen hast, abgelehnt wurdest. Heimat sind die ersten Schritte und ist die Einsicht, dass du wurdest, ehe du warst. Gedeihlich miteinander leben können die allerverschiedensten Menschen an Orten, die sie schon immer kennen oder neu sich erfahren haben. Jeder trägt dazu seine eigene Heimat bei. Am Ende kann es eine neue Heimat geben, die die alte im Fluss der Zeiten abträgt, doch keine zweite, keine zusätzliche, keine dritte, vierte, achte. Identität ist nicht Polygamie.

Wenn also unter dem Projekttitel »Heymat« in Berlin »Hybride europäisch-muslimische Identitätsmodelle« wissenschaftlich untersucht werden, ist das hölzerne Eisen nicht weit. Es gibt verschiedene Herkünfte, verschiedene Zugangswege zur Staatsbürgerschaft auch, aber nur die je eine Heimat. Wer im 31. oder 32. Jahr seines Hierseins vom elterlichen Dorf in Südanatolien oder Nordossetien tagein, tagaus schwärmt, der hat seine alte Heimat behalten. Dadurch wird er nicht zum besseren oder schlechteren Menschen, wohl aber zum Heimatbürger im Exil. Die große Heimatlüge erhebt ihr Haupt, wo immer der Eindruck erweckt wird, beim Betreten eines neuen Landes öffne sich augenblicklich eine neue Heimat.

Es kann ein zähes Ringen sein, sich zu beheimaten. Was dem einen glücklich in die Wiege gelegt wurde, erwirbt der andere sich am Zielpunkt mühseliger Wanderungen nach vielen Jahren. Irgendwann aber kommt es zum Schwur: Heimat ist, wozu du Ja sagst und wo du bleiben willst für lange Zeit, dem du die Treue hältst über Abstoßungen hinweg. Heimat verlangt Bekenntnis, geht aber im Bekenntnis nicht auf. Sie ist ein Ort, der alles Örtliche übersteigt, eine Kindheit, die erwachsen werden muss, eine Reife, die es ohne Wurzeln im inneren Kind nicht gäbe. Heimat muss sein, damit das Ich werden kann. Heimaten sind angewandte Schizophrenien: theoretisch interessant, praktisch eine Katastrophe.

Wenn Frank-Walter Steinmeier also ausspricht, worin ihm sehr viele zustimmen, dass nämlich »Heimat im Plural« möglich sei, will er mit der Mehrzahl den Singular zähmen. So reitet er beide zuschanden. Der Deutschen Heimat soll erträglich werden, indem man sie zerteilt. Eine deutsche Staatsbürgerschaft, doppelt oder singulär, soll die deutsche Seite in jedem zum Klingen bringen, der einen entsprechenden Pass sein Eigen nennt. Dagegen ist nichts einzuwenden – doch über die Heimat der Staatsbürger ist damit wenig ausgesagt. Der Heimatbegriff, den Steinmeier stärken will, wird auf diese Weise von seinen Wurzeln gekappt. Die Heimat wird zum offenen Meer, das Freiheit verheißt und im Angesicht des Horizonts keinen Halt finden kann. Abenteuer- und Horrorgeschichten beginnen so, der Klabautermann lauert.

Ein Sänger, der sich Purple Schulz nennt, besang einmal mit einer Band namens »Neue Heimat« seine eigene »Sehnsucht«. Es waren die frühen achtziger Jahre, der Deutsche Gewerkschaftsbund war noch im Besitz einer Immobiliengesellschaft mit vorbelastetem Namen. Die titelgebende »Sehnsucht« des Purple Schulz lautete: »Ich hab Heimweh. Fernweh? Sehnsucht. Ich weiß nicht, was es ist. Ich will nur weg. Ganz weit weg. Ich will raus!« Damit ist der Schmerz des »müden Wanderers, der keine Heimat hat« (Laotse) benannt. Wir alle kennen solche Erfahrungen. Sie gehören zum Menschsein. Unvermeidlich sind sie und unschön. Ein Staat lässt sich darauf nicht bauen und ein »gemeinsames Wir« (Frank-Walter Steinmeier) auch nicht.

KAPITEL 2

»Vielfalt ist unsere Stärke«

Mephisto weiß Bescheid: »Grau« sei, »teurer Freund, (...) alle Theorie und grün des Lebens goldner Baum.« Vielleicht auch aufgrund dieser Aussage lässt der angesprochene Herr, ein studierter Universitätstheologe namens Doktor Faust, sich zu einer Wette hinreißen und einer Reise durch erst die kleine, dann die große Welt. Denn wo, wenn nicht in einer dem Stubengelehrten so fernen Lebenswelt, muss sich echte Erquickung finden lassen, in einer bunten Welt, in der das Goldne auch grün sein kann und das Grüne golden zu schimmern verspricht? Alles muss diesem deutschen Nationalgrübler, wie ihn Goethe auf die Bühne wuchtete, als Verheißung erscheinen, ist es nur endlich, endlich bunt.

Was nämlich lockt generell im Vielfarbigen und übt besonders auf den Bücherwurm, Büchernarren einen unwiderstehlichen Reiz aus? »Bunte Möglichkeiten« (Franz Grillparzer) locken dort, alles scheint möglich und nur eine je neue Variation endloser Veränderung zu sein, wenn die Dinge keinen eindeutigen, keinen ein für allemal festgestellten Farbwert haben, wenn »die schönsten blauen, grünen und rötlichen Linien zum Vorschein« kommen auf einem eben noch grauen, schwarzen oder opaken Stein. Auf dem »Taufstein« etwa, einem von vielen »Bunten Steinen«, die Adalbert Stifter in seinem gleichnamigen Erzählungsband mit dem ganz unterschiedlichen Schicksal von Menschen verknüpft. Besagter Taufstein, »so fein und weich (...), dass man ihn mit einem Messer schneiden kann«, ein Tuffstein also, muss nur mit einem »zarten Firnisse« angestrichen werden, damit sich blaue, grüne und rote Linien offenbaren. Das Unwahrscheinliche, das Bunte wird dann Ereignis. Aus farbigem Abglanz wird Leben.

Auch das eigene Dasein, wusste Goethe mehr noch als Stifter, gelangt erst dann auf die Höhe seiner Möglichkeiten, wenn es die ganze Vielfalt, die ihm innewohnt, entbindet. Dass die Abwechslung erfreut – variatio delectat – gilt eben nicht nur für die schöne Natur, das schöne Bild, sondern auch für die »bunten Möglichkeiten«, die dem Individuum offenstehen. Franz Grillparzer lässt in seinem Schauspiel vom »Bruderzwist im Hause Habsburg« Kaiser Rudolf II. davon sprechen, freilich in kritischer Absicht. Rudolf II. ist des Regierens müde, ergeht sich am Vorabend des Dreißigjährigen Kriegs in düsteren Zukunftsszenarien und erwartet schicksalsergeben sein Ende. Der Bruder, Erzherzog Matthias, wird die Regentschaft übernehmen.

»Matthias herrsche denn«, sagt Rudolf kurz vor seinem Tod auf der Prager Burg, dem Hradschin, »er lerne fühlen, dass Tadeln leicht und Besserwissen trüglich, da es mit bunten Möglichkeiten spielt; doch handeln schwer, als eine Wirklichkeit, die stimmen soll zum Kreis der Wirklichkeiten.« Der konservative Rudolf verortet die »bunten Möglichkeiten« im Reich des folgenlosen Redens, nicht im »Kreis der Wirklichkeiten«. Wer handelt, der muss entscheiden und aus der Fülle der Möglichkeiten jene eine richtige wählen, die stimmt. Rudolf II., ließe sich sagen, und damit auch Grillparzer selbst wird die neue Zeit zu bunt. Er vermisst Klarheit und Prinzipientreue im »Spiel der buntbewegten Welt«,

»dass deine Väter glaubten was du selbst, und deine Kinder künftig treten gleiche Pfade«.

Insofern ist der Gegensatz zum Vielerlei des Bunten nicht unbedingt das Einfältige, sondern das Einfache. Ganz in diesem Sinn konnte in der Goethezeit Johann Joachim Winckelmann in Ansehung der berühmten Laokoon-Gruppe die bekannte Formel prägen von »edler Einfalt und stiller Größe«. Damit war das klassizistische Schönheitsideal benannt. Menschliche Größe wurzelte nicht in der Darstellung formenflüchtiger, formsprengender Ekstase, sondern im Gebundenen und damit in der Stille. Das Edle fand sich im Einfachen, nicht, wie zuvor in Rokoko, Barock, Manierismus, im Verspielten oder Grellen. Tischbein statt Caravaggio.

Das Vielfache statt des Einfachen ist heute Realität, in der Kunst wie im Leben. Anders kann es nicht sein. Spätmoderne Gesellschaften, in denen das Recht herrscht und das Kapital flottiert, sind heterogen. Vielfältige Lebensentwürfe zeugen von den Freiheiten im Rechtsstaat. Das Uniforme kommt letztlich in Uniformen daher und könnte ohne teils subtilen, teils brachialen Zwang nicht durchgesetzt werden. Insofern ist es gut, dass da viele Blumen blühen und jeder sein eigener Gärtner ist.

Die Frage freilich, auf welchen »buntbewegten« Pfaden aus dem Sein ein Sollen werden kann, ist nicht trivial. Ist heute ein ursprünglich ästhetisches Phänomen bereits soziale Norm geworden, ein schönes Sein gar kategorischer Imperativ? Stoßen sich die Begriffe da nicht hart im Raum und geht manches über Bord, wenn umstandslos behauptet wird, »unsere Identität« heiße Vielfalt, und Vielfalt sei ein Projekt, das es unbedingt zu unterstützen gelte? Taugt »Seid bunt!« zur Losung für eine Gesellschaft?

Das Individuum ist das Unteilbare. Darum kann der Mensch nur eine Identität haben. Wenn die Polizei beispielsweise einem ungepflegten Gossenpoeten nachsetzt, weiß dieser, worauf es hinausläuft: »›Die wollen immer nur eine Identität.‹ Das Wort ›Identität‹ sprach er aus, als zitiere er es. Er blickte Friedrich Keller an und sagte: ›Wollen Sie auch eine Identität?‹ ›Ich? Wie bitte?‹ (…) ›Sie sind ja ganz schön nervös. Haben Sie etwa keine?‹«. So steht es in Steven Uhlys Roman »Den blinden Göttern« von 2018 und ist humorvoll gemeint. Außerliterarisch müsste verzweifeln, wer über wechselnde Identitäten oder über keine verfügte. Es sei denn, es handelte sich um das Opfer eines Identitätsdiebstahls oder um einen Identitätsschwindler.

Ein Asylbewerber aus dem Sudan wurde im Februar 2017 zu einer Bewährungsstrafe von einem Jahr und neun Monaten verurteilt, weil er sich durch »sieben verschiedene Identitäten« über 20.000 Euro Sozialleistungen erschlichen hatte; ein Landsmann musste im Februar 2018 für zwei Jahre und acht Monate ins Gefängnis, nachdem er mit »elf Identitäten« rund 70.000 Euro vom deutschen Staat ergaunert hatte – »die wahre Identität hat das Gericht nicht eindeutig klären können« –, und der tunesische Attentäter vom Berliner Breitscheidplatz hatte sogar »14 verschiedene Identitäten« genutzt, ehe er seinen Hass auf den Westen durch einen Massenmord vollendete. Sie alle sind keine Helden einer bunten Multioptionengesellschaft, sondern Verbrecher.

Aber kann vielleicht wenn schon nicht das Ich, so wenigstens das Wir Vielfalt zur identifikatorischen Leitidee erklären? »Unsere Identität heißt Vielfalt«, verkündete das Dresdner Deutsche Hygiene-Museum im August 2018, und es war sehr vermutlich nicht nur die lokale museale Identität gemeint, sondern die deutsche. Der Veranstaltungstag mit »freiem Eintritt in unsere Rassismus-Ausstellung«, Breakdance und Musik der multikulturellen Brass-Band »Banda Internationale« verstand sich als Gegengewicht zu einer für den 25. August angekündigten Demonstration der »Identitären Bewegung« unter dem Motto »Europa Nostra«. Deren monokulturelles Identitätsprogramm sollte gekontert werden.

Welch weitreichende praktische Folgen das Vielfaltskonzept haben kann, belegt die Unterstützung von »Banda Internationale« für die Aktion »Seebrücke«, die »humane Migrationsmöglichkeiten« fordert und den Claim prägte »Grenzenlose Solidarität statt tödliche (sic!) Abschottung«. Vielfalt und Solidarität sind begrifflich ebenso eng verzahnt wie Vielfalt und Offenheit. Hierdurch ergeben sich neue gedankliche Probleme. Kann es etwa eine »grenzenlose Solidarität« geben, Solidarität mit allen und jeden überall? Wir werden davon noch hören, im achten Kapitel.

Zunächst aber: Was ist unter politischen Bedingungen mit sozialer Vielfalt als Leitidee gemeint? Eine Rückübersetzung aus der Wirtschaftssoziologie wird auf die Gesamtgesellschaft übertragen und wandelt so ihren Charakter vom Phänomen zum Appell. »Diversity« oder »Diversität« mit Wurzeln in der US-amerikanischen Bürgerrechtsbewegung meint eine »Grundannahme der neue Arbeitswelt: Die steigende Komplexität auf der Welt lässt sich nur mit steigender Vielfalt in den Unternehmen begegnen. Das belegt eine Untersuchung der Unternehmensberatung McKinsey. Die Autoren untersuchten dafür 1007 Unternehmen – mit dem Ergebnis, dass Firmen mit einem hohen Frauen- und Ausländeranteil im Top-Management mit größerer Wahrscheinlichkeit überdurchschnittlich profitabel sind. Was in der Theorie einfach klingt, ist in der Praxis schwer umzusetzen. Es kann harte Arbeit sein, ein Team mit vielen unterschiedlichen Erfahrungen und Hintergründen zu führen – inklusive Missverständnissen, Konflikten und Diskussionen. Um diese Aufgabe zu meistern, müssen auch die Chefs neu denken.« So erklärt es das Fachblatt »Wirtschaftswoche« in seinem »Glossar des neuen Arbeitens«.

Wie wohlbegründet der Verweis auf Missverständnisse und Konflikte ist, illustriert ein kurzer Austausch von These und Antithese beim Kurznachrichtendienst Twitter. Niddal Salah-Eldin, Leiterin »Digital Innovation« in der Chefredaktion der »Welt«, schrieb dort Ende August 2018 zu Recht: »Vielfalt ist ein von vielen immer noch völlig unterschätzter entscheidender Wettbewerbs- und Innovationsfaktor. Bei #Diversity geht es aber um mehr, als Menschen unterschiedlicher Herkunft zusammenzubringen. Es geht auch um Unterschiede im Denken.« Mit diesem Tweet verwies sie auf den Meinungsbeitrag »Innovation braucht Vielfalt« von Günter Gressler aus dem Wirtschaftsmagazin »Bilanz«, in dem es hieß: »Eine Studie der Boston Consulting Group und der TU München zeigt einen deutlichen Zusammenhang zwischen der Vielfalt in einem Unternehmen auf der einen Seite und dessen Innovationsfähigkeit auf der anderen Seite. Die Untersuchung macht deutlich: je mehr Diversity, desto höher der Umsatz durch innovative Produkte und Dienstleistungen.«

Widerspruch ließ nicht auf sich warten. Bei Twitter antwortete auf Salah-Eldin Nutzer Frank König, laut Profil mit »Webentwicklung« beschäftigt: »Ich habe mal als einziger Deutscher in einer Entwicklerbude gearbeitet, jeder hatte andere Wurzeln. Es war wie Flöhe hüten, jeder hatte seine eigenen Ideen. Daran zerbrach es dann, an zu viel Diversity. Nicht an den Menschen, die waren gut.« Offenbar kann es in der Praxis neben einem Zuwenig auch ein Zuviel an Vielfalt geben. Eine gemeinsame Sprache, eine gemeinsame Idee sind Grundvoraussetzung für erfolgreiches gemeinschaftliches Arbeiten. Im Glossar der »Wirtschaftswoche« wird denn auch Diversity als Leitungsaufgabe betont. Gemeint ist gerade nicht das unverbindliche Nebeneinander kunterbunter Lebensstile und Gedankenwelten. Gefragt sind in der »neuen Arbeitswelt« vielmehr eine Führung und ein Chef, die Vielfalt entschlossen moderieren und auf dieser Basis Entscheidungen treffen.

Günter Gressler verweist in seinem »Bilanz«-Beitrag gleich zu Beginn auf »die Initiative Charta der Vielfalt mit Bundeskanzlerin Angela Merkel als Schirmherrin«. Unter dem Slogan »Für Diversity in der Arbeitswelt« halten auf der entsprechenden Web-Präsenz acht Menschen bedruckte Tafeln in die Kamera, auf denen zu lesen steht: »Wir zeigen #Flagge für Vielfalt!« Bei den acht Menschen handelt es sich um sieben Frauen und einen Mann. Vielfalt besteht hier darin, dass sich Frauen eine Sache zu eigen machen, in welcher ein einzelner Mann toleriert wird. Oder interessiert »Vielfalt!« Männer nicht? Auf jeden Fall dachte man sich Vielfalt etwas vielfältiger.

Programmatisch lernen wir bei charta-der-vielfalt.de: »Die Charta der Vielfalt ist eine Arbeitgeberinitiative zur Förderung von Vielfalt in Unternehmen und Institutionen. Sie wurde im Dezember 2006 von vier Unternehmen ins Leben gerufen und wird von der Beauftragten der Bundesregierung für Migration, Flüchtlinge und Integration, Staatsministerin Annette Widmann-Mauz, unterstützt. Ziel der Initiative ist es, die Anerkennung, Wertschätzung und Einbeziehung von Vielfalt in der Arbeitswelt in Deutschland voranzubringen. Organisationen sollen ein Arbeitsumfeld schaffen, das frei von Vorurteilen ist. Alle Mitarbeiter_innen sollen Wertschätzung erfahren – unabhängig von Geschlecht, geschlechtlicher Identität, Nationalität, ethnischer Herkunft, Religion oder Weltanschauung, Behinderung, Alter, sexueller Orientierung und Identität.«

Abermals ist ökonomische Vielfalt eine Frage der Leitungsebene, als Chef und Führung fungieren die Arbeitgeber. Die Charta ist eine »Selbstverpflichtung der Unterzeichnenden, Vielfalt und Wertschätzung in der Arbeitswelt zu fördern. 3000 Unternehmen und Institutionen mit insgesamt 10,4 Millionen Beschäftigten haben die Charta der Vielfalt bereits unterzeichnet«. Im Wortlaut der Charta heißt es: »Wir können wirtschaftlich nur erfolgreich sein, wenn wir die vorhandene Vielfalt erkennen und nutzen. Das betrifft die Vielfalt in unserer Belegschaft und die vielfältigen Bedürfnisse unserer Kundinnen und Kunden sowie unserer Geschäftspartner.«

Rendite bleibt das Ziel. Vielfalt erscheint als kapitalistische Ressource. Und anders als im Glossar der »Wirtschaftswoche« ändert das Reden über Vielfalt die Sprache, mit der Vielfalt ausgedrückt wird. Nicht Mitarbeiter, nicht Mitarbeiter und Mitarbeiterinnen sind adressiert, sondern genderkorrekt und unaussprechbar »Mitarbeiter_innen«. Diversity in der Sprache ist ein Kapitel für sich und leider kein schönes. Man schaue etwa auf die »Neuen Begriffe für die Einwanderungsgesellschaft«, die die »Neuen deutschen Medienmacher« (NDM) im April 2013 »mit freundlicher Unterstützung des Bundesamts für Migration und Flüchtlinge« diskutierten: »Wer allerdings Deutsche mit türkischer Herkunft sagt, müsste konsequenterweise auch Deutsche mit deutscher Herkunft, sprich Herkunftsdeutsche sagen. Während Inlandsgeborene mehr Partizipation und Teilhabe fordern (Anerkennungskultur), sind Neuzuwanderer mehr auf Förderung angewiesen (Willkommenskultur).«

Im durchaus sachlich gehaltenen Glossar der NDM, eines »bundesweiten Zusammenschlusses von Medienschaffenden mit unterschiedlichen Herkunftsländern und sprachlichen Kompetenzen, die sich als gemeinnütziger Verein seit 2008 für mehr Vielfalt in den Medien und Einwanderungs-Perspektiven im öffentlichen Diskurs einsetzen«, finden sich »Formulierungshilfen« für den journalistischen Alltag, dank derer die neue deutsche Vielfalt sprachlich korrekt und diskriminierungsfrei abgebildet werden soll: »Tatsächlich wird der Begriff *weiß* in der internationalen Rassismusdebatte als Gegensatz zu *People of Color (PoC)* verwendet und nicht für die Beschreibung der Hautfarbe genutzt. Der Begriff soll eine gesellschaftspolitische (Macht-)Position und Norm hervorheben. Dabei müssen sich *weiße* Menschen nicht selbst als *weiß* oder privilegiert fühlen.« »*Islamismus* ist nicht gleichzusetzen mit *Extremismus*, *Gewaltbereitschaft* oder *Terrorismus*. Islamist zu sein bedeutet, islamistischer Gesinnung zu sein – das allein ist nicht verboten, sondern nur in Verbindung mit strafbaren Handlungen nicht erlaubt«.

Somit gibt es legalen Islamismus ebenso wie nichtweiße Weiße, die mächtig sind, als wären sie weiß und deshalb weiß genannt werden dürfen? Und was geschieht mit weißen Weißen, die, obwohl weiß, ohnmächtig und prekär leben, also eher nicht-weiße Erfahrungen machen, aber dennoch als privilegiert angesehen werden sollen? Handelt es sich bei ihnen nicht schon um weiße People of Color? Schleichend betritt man da fiktionale Pfade, weshalb Markus Günthers Ehe- und Misstrauensroman »Weiß« nicht falsch liegt, obwohl der Titel ganz konkret die Vorliebe der Hauptfigur, eines Architekten, für die schlichteste aller Farben anzielt: »Weiß sei sozusagen die Trägerin aller Farben und damit allen Lichts, das wir sehen. Deshalb berühre uns keine andere Farbe so sehr, weil jede andere Farbe schon eine Einschränkung ist, eine Festlegung. Die Grenzenlosigkeit, die Freiheit, alles zu sehen und alles zu denken, das ist das Wesen der Farbe Weiß.«

Die, wie es auch geschrieben steht, »Neuen deutschen Medienmacher*innen« engagieren sich »gegen Hassrede im Netz«, betreiben einen »Onlineknotenpunkt für geflüchtete Menschen in Deutschland« namens handbookgermany.de, unterstützt von der Deutschen Telekom AG, und stellen die »Expertendatenbank Vielfaltfinder« zur Verfügung mit rund 450 »Expert*innen«, allesamt mit »Migrationsgeschichte«, sodass sie »die Vielfalt Deutschlands widerspiegeln«. Wer Vielfalt sucht, wird hier an Vielfaltsspezialisten verwiesen, die aus Gründen biografischer Kontingenz einen Teilausschnitt der Gesellschaft vertreten, die jüngst oder nicht jüngst Zugewanderten. Insofern ist die neue normale Vielfalt, die wortreich an vielen Stellen beschworen wird, bisher eher neu denn schon normal. Müsste man sonst vielhundertfach ausschwärmen, um das Allgemeine des Besonderen zu behaupten?

Wo Diversity die Wirtschaft verlässt, wird sie vom Renditefaktor zum Projekt, dessen sich die Politik annimmt. Staat und Parteien sind eifrige Agenten der Diversität, nicht nur, aber besonders in Berlin, der »Heimatstadt der Vielfalt«. Mit dieser Formulierung auf dem Bundesparteitag der CDU am 26. Februar 2018 traf die Berliner Landesvorsitzende und Kulturstaatsministerin Monika Grütters den Geist der Metropole, weniger deren Geschichte. Vielfalt kann letztlich keine Heimat bilden, denn Vielfalt als Prinzip ist prinzipiell fluide, unabgeschlossen, offen. Berlin also sei »Heimatstadt der Vielfalt, eine Metropole, die die klügsten und kreativsten Köpfe aus der Welt der Wissenschaft, aus der Welt der Kultur – und ja: auch aus der Subkultur anzieht und die mit den Künstlern, mit den Vordenkern und den Experimentierfreudigen Innovationskraft aus aller Welt nach Deutschland lockt. Was kann einer Stadt, was kann einem Land Besseres passieren? Gibt es ein schöneres Kompliment, als die Sehnsucht so vieler junger Menschen aus der ganzen Welt, hier leben und arbeiten zu wollen?« Sehnsüchte, mag man ergänzen, zahlen keine Miete, bilden kein Vermögen, Vielfalt als Pull-Faktor kann die Staatsverschuldung antreiben.

Politik und Parteien und politiknahe Wirtschaft wissen um den labilen Status des Vielfaltsprojekts, dem sie sich verpflichtet fühlen und von dem sie sich ideologische oder ökonomische Terraingewinne oder einen Machtzuwachs versprechen. An anderer Stelle erklärte die CDU-Politikerin Grütters im Mai 2018 als Schirmherrin der »Initiative Kulturelle Integration« des Deutschen Kulturrats, die mit einem »Pluszeichen in einem Kreis, alles kunterbunt gestreift,« für »Zusammenhalt in Vielfalt« wirbt: »Nutzen wir die Kraft der Kultur! Gemeinsam können wir so der Vielfalt in Deutschland eine Heimat geben.« Offenbar wird diese Heimat noch gesucht, obwohl sie drei Monate zuvor in Berlin gefunden schien. Bereits im August 2017 hatte Grütters ausgesprochen, »Diversität in unserer Gesellschaft sollte als das wahrgenommen werden, was sie ist, nämlich als ein großer Gewinn.« Zumal – und dieses Zumal folgt fast immer auf das Lob der Vielfalt – »nach der nationalsozialistischen Barbarei«. Vielfalt soll offenbar auch dem Schutz der Deutschen vor sich selbst dienen und vor der »Ideologie des Eigenen« (Grütters).

Drastischer formulieren Bündnis 90/Die Grünen unter der Überschrift »Wir streiten für Akzeptanz und Respekt, für Vielfalt und Selbstbestimmung« in ihrem Bundestagswahlprogramm 2017: »Diese Vielfalt bereichert unser Land. (...) Im Wissen um die Verbrechen der Nazizeit stehen wir GRÜNE für eine Gesellschaft, in der jede*r sicher und selbstbestimmt leben kann und die individuelle Freiheit sowie die persönliche Identität geschützt sind, online wie offline. (...) Unser Ziel ist eine inklusive Gesellschaft, die in ihrer Vielfalt zusammenhält und die Menschen vor Diskriminierung schützt.« Vielfalt als antinazistische Schutzimpfung am deutschen Volk? So klingt es fast.

Als der ehemalige Bundespräsident Joachim Gauck im Juni 2018 den Reinhard-Mohn-Preis der Bertelsmann Stiftung zum Thema »Vielfalt leben – Gesellschaft gestalten« entgegennahm, lobte die Stiftung Gaucks »unermüdliches Engagement für eine freie, weltoffene und tolerante Gesellschaft«, gerade »im Lichte der Geschichte zweier deutscher Diktaturen«. Laudator Elhadj As Sy, Generalsekretär der Internationalen Föderation der Rotkreuz- und Rothalbmondgesellschaften, erklärte, »es gibt nur eine Menschlichkeit, die uns allen gemein ist: eine vielfältige, eine ›Regenbogen‹-Menschlichkeit.«

Eine bunte Menschlichkeit. Doch ist Menschlichkeit, eben weil sie »uns allen gemein ist«, nicht immer ein und dieselbe? Sie könnte das naturrechtliche Fundament unseres Handelns sein, darum ist sie im Idealfall verlässlich, beständig, entschieden, unbunt. Es gibt keine bunte Mund-zu-Mundbeatmung im Notfall, kein buntes Erstehilfeset am Unfallort, keine bunte Weise, Ja zu sagen oder Nein. Auf dem, was uns unterscheidet, lässt sich kein gutes Leben bauen. Das Bunte taugt nicht zum Fundament. Von dem, was uns als Menschen eint, hängt unser Überleben ab.

Deshalb ist das »Unbehagen an der Vielfalt«, wie es die Bertelsmann Stiftung in der gleichnamigen Studie Anfang 2018 vor dem Hintergrund der »Flüchtlingseinwanderung« diagnostizierte, kein hinreichend präziser Indikator für eine in Teilen zu beobachtende »Abkehr von demokratischen Werten« und eine »antipluralistische Affinität«. Die Autoren schließen, man müsse den »Zweiflern« an einer Bewältigung der »Flüchtlingskrise« künftig »vermitteln, dass Vielfalt und Wandel konstituierende Merkmale einer entwicklungsfähigen Gesellschaft und nur selten wirkliche Bedrohung sind«. Davon abgesehen, dass die »Neuen deutschen Medienmacher« schon den Begriff »Flüchtlingskrise« gar nicht mögen, ihn »kritisch hinterfragen«: Was »selten wirklich« geschieht, ereignet sich manchmal eben doch. Solche Befürchtung hat einen realistischen Kern. Und wer mag sich von neuen deutschen Journalisten oder bewährten deutschen Wissenschaftlern das eigene Denken als rückständig brandmarken lassen?

Was lebt, das wandelt sich; wo Menschen sind, da geht es vielfältig zu und bunt gemischt. Zum Spektrum der Vielfalt gehört aber auch die Freiheit, sie abzulehnen oder sie begrenzt zu wünschen. Wo Vielfalt als Prinzip unumschränkt herrschen soll, ist sie Dogma. Da engt sie ein und weitet nicht das Blickfeld. An solche bedenklichen Folgen denkt der ehemalige SPD-Kanzlerkandidat Peer Steinbrück, wenn er Anfang März 2018 im Wochenmagazin »Der Spiegel« seine Parteifreunde vor allzu viel »Vielfaltseuphorie« warnt. Die SPD habe »gehypten Multikulturalismus« bedient und im Übermaß »Antidiskriminierungspolitik« betrieben und »darüber die Befindlichkeiten der Mehrheitsgesellschaft außer Acht« gelassen. Die »Verdrängung Einheimischer und die Homogenisierung von Stadtquartieren« müssten auch von der Sozialdemokratie thematisiert werden.

In der Kunst ist Vielfalt ein starkes Inspirationsbündel. Im tastenden Vergleich des möglichst Vielen entstehen der treffende Ton, die prägnante Gebärde, das richtige Wort. Keine Kunst sei, wo es an Zugluft gebricht und Freiheit und Offenheit. Der Intendant des Bochumer Schauspielhauses, Johan Simons, schreibt in seiner Vorschau zur Spielzeit 2018/19: »In der Vielheit geht es nicht um ein ›entweder ... oder‹. In der Vielheit geht es um das ›und ... und ... und‹. Die Vielheit kann ein Reichtum sein.« Die Verschiebung von der Vielfalt zur Vielheit ist charmant. Simons begreift sie als das Viele, das in loser Reihung nebeneinandersteht. Vielheit bedeutet das hierarchiefrei Verbundene – und also das Spannende und Spontane ebenso wie das öd sich Abwechselnde, vom Hölzchen aufs Stöckchen Kommende. Zugleich ist Vielheit der ehrliche Kern des oftmals moralisch hochtourigen, begrifflich überfrachteten Vielfaltsparadigmas. Wer von Vielheit redet, macht deutlich, dass er um die ursprünglich rein quantitative Bedeutung der Vielfalt weiß. Zwei faule Äpfel, eine überreife Banane und ein vergorener Pfirsich ergeben eine Vielheit an Früchten – aber bilden sie eine Vielfalt ab, die auf Stärke deutet und Zusammenhalt ermöglicht?

Im folgenden Absatz seines Beitrags lobt Intendant Simons die »große Solidarität« und »eine Kultur der Offenheit«, für die beide das Ruhrgebiet mit seiner »Geschichte von Einwanderung und Zusammenhalt« stehe. Schon Bergarbeiter wussten, als sie einfuhren unter Tage: Wir kommen da nur gemeinsam wieder raus. Somit wären die drei Begriffe endlich versammelt, die ineinanderstecken wie Jubel, Trubel, Heiterkeit: Vielfalt, Solidarität, Offenheit.

Eine idealtypisch vielfältige wäre eine offene, eine unabschließbare Gesellschaft. Bei welchem neu hinzuströmenden oder inwendig heranwachsenden Element wollte man auch sagen, hier habe die Vielfalt aber nun ihr Ende? Insofern hat die Rede über die offene Gesellschaft immer einen utopischen Überschuss. Es verbirgt sich in ihr die romantische Sehnsucht nach einem fluiden, flexiblen Leben in Gemeinschaft, das niemals endet, weil es keinen Anfang und kein Ende kennt, keinen Raum und keine Zeit. Die vollendet offene Gesellschaft verlangte Geisterwesen, die, auf den frühromantischen Begriff gebracht, symphilosophieren von morgens bis abends unter einer Sonne, die nicht untergeht. Eine solche Gesellschaft wäre ein ätherisches Vergnügen.

Im »Kreis der Wirklichkeiten« (Grillparzer) stehen die Dinge kompliziert. Der Wirtschaftspublizist Wolf Lotter weiß, dass Offenheit, wie sie am Beginn der Neuzeit sich auszuprägen begann, als der Siedlungsraum Burg von der Stadt abgelöst wurde, Garant war »für die großen Erfolge der Kulturgeschichte. Austausch und Kommunikation, Entdecken und Versuchen sind die

Grundlagen der modernen Welt. Kaufleute, Wissenschaftler, Künstler und Forscher gehen seit Jahrhunderten durch das Stadttor, um die Welt neu zu vermessen. Das nützt allen Generationen, auch wenn sie diese Grundlagen vergessen haben. Offenheit ist pure Nachhaltigkeit.« Sie ist eine Grundbedingung des Marktes, eine »Methode, um die Welt schneller und effizienter zu verbessern« und Innovationen voranzutreiben. Soziale Offenheit dient ebenso wie Diversity-Denken dem freien Warenaustausch. Sie stabilisiert den Kapitalismus, indem sie Kunden und Produzenten einer freien Konkurrenz aussetzt. Zugleich ist sie laut Lotter, der sich auf Karl Poppers wichtiges Buch von 1945 beruft, auf »Die offene Gesellschaft und ihre Feinde«, eine Kulturtechnik. Die offene ist die selbstkritische Zivilgesellschaft. Sie bindet staatliche Macht an Institutionen, die von Bürgern kontrolliert werden.

Alles prinzipiell Unabschließbare kann aber zum Problem werden. Ein offenes Haus wird die Wohnstatt von Menschen genannt, die sich gut und gerne Gäste einladen. Bei einer offenen Runde darf jede und jeder sich zu Wort melden. Ein Open End in Film oder Roman lässt alle Fragen unbeantwortet und gieren nach der Fortsetzung. Was aber, wenn die Handlungsstränge sich nie lösen und immer weiter verknoten? Wenn das Palaver nie endet? Wenn die Gäste sich danebenbenehmen? Maximale Missstimmung wird in allen drei Fällen die Folge sein, Ärger und Aufruhr. Irgendwann werden die Türen zur Villa sich schließen, wird das hierarchiefreie Gruppengespräch beendet, das letzte Kapitel geschrieben sein. Das endliche Wesen Mensch hält es in Endlosigkeiten nicht aus.

Für etwas mehr politische Enthaltsamkeit plädiert darum der empirische Sozialforscher Andreas Kirschhofer-Bozenhardt: »Wer eine schrankenlos offene Gesellschaft einfordert, muss zur Kenntnis nehmen, dass es Menschen gibt, die die Diversität nicht als einen Schatz betrachten und nichts von einem Neben- und Durcheinander von Religionen, Kulturen, Sprachen, Rechtsnormen und Moralvorstellungen halten.« Diese diversitätskritischen Menschen können durch eine stark diversitätsfreundliche Politik an Zahl zunehmen. Der Schriftsteller Peter Schneider etwa wusste am 13. August 2018 in der »NZZ« zu berichten, dass »in einem Land wie Frankreich, das im europäischen Vergleich die weitaus größte Zahl von Muslimen aus den ehemaligen afrikanischen Kolonien aufgenommen hat, die ursprüngliche Begeisterung für ›la diversité‹ gegen null gesunken« sei, »jedenfalls in Bezug auf die muslimischen Einwanderer.«

Diversität bedeutet laut Andreas Kirschhofer-Bozenhardt »nicht nur bunte Vielfalt, sondern auch Unterschiedlichkeit, Gegensätzlichkeit, Bindungslosigkeit, Vereinzelung und verlorenes Wir-Gefühl. Diversität ist keine soziale Klammer, sondern das Gegenteil: Sie bedeutet Verzicht auf eine vertraute Lebensart, Geborgenheit und die Gewissheit, sich unter Seinesgleichen wohlfühlen zu können.« Da freilich übersieht der Forscher die kohäsiven Kräfte des Vielfaltsparadigmas für jene, die sich ihm aktivistisch verschreiben. Der Ruf nach Integration und Inklusion kann zum Mitgliedsabzeichen einer exklusiven Clubmoral werden.

Ohne einen Selbstwiderspruch wahrzunehmen, sagte der langjährige Berliner Bundestagsabgeordnete von Bündnis 90/Die Grünen, Christian Ströbele, im Mai 2018 in die Kamera: »Das sollen sie nicht. Das dürfen sie nicht. Die Straßen gehören uns.« Gemeint waren die Straßen von Berlin; und weil, wie es Parteikollegin Canan Bayram zuvor bekräftigt hatte, »Berlin für Vielfalt« steht, haben die tatsächlichen oder vermeintlichen Vielfaltsgegner kein Recht auf öffentliche Präsenz. Man müsse, so Ströbele, »verhindern, dass die AfD die Straßen beherrscht.« Die »Alternative für Deutschland« hatte nach Berlin geladen zur Demonstration »Zukunft Deutschland«, das Bündnis »Stoppt-den-Hass« positionierte sich dagegen. Es kann also legitim sein, die Meinungs- und Demonstrationsfreiheit der anderen zivilbürgerlich einzuschränken? Kann es das wirklich?

Wem Vielfalt am Herzen liegt und Offenheit, der müsste gegen einen solchen Exorzismus des Abweichenden aufbegehren. Der müsste »Austausch und Kommunikation« (Wolf Lotter) gerade mit der Gegenseite suchen. Wer indes aus der Vielfalt eine Ideologie und aus der Offenheit ein Dogma gemacht hat wie das Team Bayram/Ströbele, der greift zu einfältigen Mitteln, um das eigene Denken rein zu halten. So kann der Lobpreis des Vielfältigen und Offenen in einen aggressiven Autoritatismus münden.

Quantitative Vielheit entwickelt sich nicht von selbst zu qualitativer Vielfalt. Vielfalt ist reflektierte und begrenzte Vielheit. Vielfalt ist eine Realität, die zur Stärke werden kann, wenn diese Reflexion praktisch wird. Wenn die richtigen Grenzen an den richtigen Stellen gezogen werden, nicht zu eng und nicht zu weit. Wenn das Prinzip des offenen Hauses nicht auf ein Staatsgebiet ausgedehnt wird, ohne dass deshalb alle Burgbrücken hochgezogen werden. Wenn das Bunte nicht im unverbundenen Nebeneinander schweigender Teilmengen besteht, nicht im institutionalisierten Desinteresse, sondern in gemeinsamer Stufung.

Die Botschaft »Vielfalt ist unsere Stärke/Diversity is our strength« gibt es mittlerweile für 20 Euro auf T-Shirts zu kaufen. »Vielfalt ist unsere Stärke« sagt Ruth Müller, eine bayerische SPD-Landtagsabgeordnete, sagen der AStA und das »Diversitätsbüro« der Christian-Albrechts-Universität zu Kiel, sagt der Landesfeuerwehrverband Niedersachsen, sagt der Berliner Athletik Klub 07 – »Wir sind Berlin. Vielfalt ist unsere Stärke« –, sagt die Evangelisch-lutherische Landeskirche Hannovers, »und … und … und« (Johan Simons), und sagt, wörtlich zwar, doch straff ins Dingliche gewendet, die Walser Fahrzeugbau GmbH, denn sie hat »neben Feuerwehrfahrzeugen aller Art kürzlich den feuerwehrtechnischen Aufbau für einen Hubsteiger BRONTO-Skylift F 32 RLX gefertigt. Vielfalt ist unsere Stärke.«

Auch Kanzlerin Merkel schließt sich dem Motto an und bekräftigt am Schluss der ersten Regierungserklärung nach ihrer Wiederwahl am 21. März 2018: »Deutschland, das sind wir alle.« Wer aber aus Sicht einer Regierungschefin alle sind und welches Wir gemeint ist, bleibt ebenso im Nebulösen wie die Schritte, welche von der vorgefundenen Vielheit zur gestalteten Vielfalt zurückzulegen sind. Nur weil Menschen sich im selben Raum befinden, und sei es ein geografisch großzügig bemessener, entwickeln sie kein Gruppen-Wir. Ohne Geschichte und ohne Identität bleibt das Bunte nur eine unverbundene Mehrzahl. Und wo das Bunte von einer spätmodernen Selbstverständlichkeit zur Staatsideologie umgebogen wird, triumphiert das Einfarbige. Die Einfältigen freut's.

KAPITEL 3

»Wir schaffen das«

Die kleine Schwester heißt Luna und ist zwei Jahre alt. Papa hat das Ferienhaus auf Lanzarote gerade im Zorn verlassen. Mama blieb zurück, macht Tortilla für Luna und für Henning, ihren drei Jahre älteren Bruder. Papa kommt plötzlich wieder, die Eltern schreien sich an, und »am nächsten Morgen sind Mama und Papa weg.« Die Dinge eskalieren während der kommenden drei Tage. Das Essen wird knapp, die Kinder weinen, streiten sich. Henning befreit Luna von ihrer Windel, »es stinkt bestialisch«, und er »redet mit dem Weltall. Er verspricht dem Weltall, alles zu tun, wenn es ihm nur die Eltern wiederbringt.« Viele schlimme Stunden später – »sie knien am Boden wie Tiere, Lunas schrilles Kreischen erfüllt den Raum« – hat Henning eine Idee. Die Eltern sind gewiss gefangen in diesem Loch auf der Veranda, das eine Aljibe ist, »ein unterirdischer Wasserspeicher. Darin wird Regenwasser aufgefangen.« Henning vermutet die Eltern dort in der Gewalt von Monstern. Er will sie befreien. Gemeinsam mit Luna nähert er sich dem Brett, das die Aljibe bedeckt. Dieses Brett anzuheben, erfordert eine gewaltige Anstrengung. Luna ist keine große Hilfe. Sie fürchtet sich. »›Wir schaffen das‹, sagt Henning. ›Warte hier.‹« Und dann sieht er nach den Monstern.

Das Weltall ist der Hauptakteur in einer ganz anderen Szene. Zum Himmel hoch schaut eine Menschenmenge. Ihr Ort ist Bad Dürkheim, die Zeit ist die Zukunft. Ein Meteor namens Gisbert rast auf die Erde zu. Mit dem Einschlag ist stündlich zu rechnen. Bald könnte die Menschheit ihr Ende gefunden haben. Das Pfälzer Völkchen, das sich zu nächtlicher Stunde auf der Klosterruine Limburg versammelt hat, sieht mit großem Bangen der Katastrophe entgegen. Heller und heller wird es am Horizont. Gisbert rückt näher. Liebespaare umarmen sich, der Pfarrer faltet die Hände, ein Wind weht von weit oben her. Da hebt ein Mann von vielleicht 45 Jahren die rechte Hand, locker zur Faust gekrümmt. Er trägt einen Kinnbart, die Schläfen sind angegraut. Sein Blick ist gen Gisbert gerichtet. Mit ernster Miene sagt er die vielleicht letzten Worte seines Lebens: »Wir schaffen das.«

Beide Szenen sind fiktiv. Die erste stammt aus dem Roman »Neujahr« von Juli Zeh, erschienen im September 2018. Die zweite aus der sechsten und letzten Folge der Fernsehserie »Pälzisch im Abgang«, die der Südwestrundfunk am 1. Dezember 2015 ausstrahlte. Sie trug den Titel »Zerstörung«. Der knappe Satz, den Drehbuchautor und Romanschriftstellerin ihrem Personal in den Mund legten, war da schon eindeutig besetzt. »Wir schaffen das« hat seine Unschuld verloren, seit Bundeskanzlerin Angela Merkel die drei Worte am 31. August 2015 in der Berliner Bundespressekonferenz wie folgt aussprach: »Ich sage ganz einfach: Deutschland ist ein starkes Land, und das Motiv, in dem wir an diese Dinge herangehen, muss sein: Wir haben so vieles geschafft, wir schaffen das! Wir schaffen das, und wo uns etwas im Wege steht, muss es überwunden werden, muss daran gearbeitet werden.« Mit »diesen Dingen« war eine Herausforderung gemeint, die bis heute die Bundesrepublik Deutschland beschäftigt, ohne dass absehbar wäre, ob es damit ein gutes oder ein schlimmes Ende nimmt: die gewaltige Zuwanderung von Menschen aus anderen Kulturkreisen, von Flüchtlingen und Asylbewerbern und Wirtschaftsmigranten, denen die Regierung Merkel im Herbst 2015 die Grenzen geöffnet hat und denen der deutsche Staat Schutz und Auskommen gewährt. Wird dieses Schaffen je geschafft sein?

Schauen wir uns den Satz genauer an. Er hat alles, was ein Satz braucht, Subjekt, Prädikat, Objekt. Die Grammatik stellt uns einen Akteur vor, eine Tätigkeit und ein Tätigkeitsziel. In diesem Fall sind das freilich drei Probleme. Wer ist »wir«? Wodurch will dieses Wir etwas »schaffen«? Was soll »das« bedeuten? Wenn der Chef oder die Chefin einer Exekutive spricht, gibt es kein heikleres Wort als das unscheinbare »Wir«. Es verfestigt ein Autoritätsgefälle, indem es ein solches negiert. Das große Wir soll die vielen kleinen Ichs da unten umschmelzen – unter der Regentschaft des großen Super-Ichs, das die Verschmelzungsorder ausgibt. Noch im harmlosen »Wir schaffen das« des fünfjährigen Monsterjägers Henning, der sich Mut zuspricht, steckt die aufschiebende Bedingung des Herrschenden: Wir werden dieses gemeinsame Problem gemeinsam lösen und die Eltern befreien, aber nur, wenn du tust, was ich dir sage; wenn du gehorchst, kleine Luna. Die Schwester versucht's.

Der Pluralis Majestatis – der König sagt »wir« und meint »ich« – blieb nicht in der Monarchie zurück. Er zeigt sich auch unter demokratischen Vorzeichen, wenn die Exekutive das Wort an den Souverän richtet. Aus dieser Struktur gibt es kein Entrinnen. Das öffentliche »Wir« hat Appellcharakter, da nicht alle Angesprochenen sich von der Rede zur Tat überzeugen lassen. Harmlose Varianten eines oftmals moralisch aufgeladenen »Wir«-Appells finden sich dutzendfach in Buchtiteln, Aufsätzen, Vorträgen. Der evangelischen Altbischöfin Margot Käßmann zufolge »brauchen wir Alternativen und ermutigende Beispiele«, damit »wir die Welt verbessern können« – weshalb jedes Ich, das ihr Buch liest, künftig »das Auto abschaffen, bewusst einkaufen, Unterschriften gegen Rüstungsexporte sammeln« soll. Der ehemalige Präsident des Zentralkomitees der deutschen Katholiken, Alois Glück von der CSU, erläutert auf Buchlänge, »warum wir uns ändern müssen.« In Angela Merkels integrationspolitischen »Wir«-Appellen schwingt das protestantische Pathos der Pfarrerstochter mit.

Der christlich geprägte Unternehmer Claus Hipp legt derweil dar, »warum wir einen neuen Generationenvertrag brauchen«, die linken Denker Michael Hardt und Antonio Negri fordern eine »Verfassung für das Gemeinsame«, weshalb »wir die Freude an der politischen Beteiligung neu entdecken müssen«, und »wir müssen die Kirchen der Linken räumen, ihre Türen verrammeln und sie niederbrennen!« Das verbale Flammenschwert trägt der »Wir«-Kämpfer gern. Den Bundestagswahlkampf des Jahres 2013 bestritt die SPD übrigens unter dem Motto »Das Wir entscheidet«. Der Wähler entschied sich dann zu 25,7 Prozent für die Sozialdemokratie unter ihrem Spitzenkandidaten Peer Steinbrück. Lag es daran, dass ein von einer Partei verwaltetes Wir letztlich ein Wir-statt-die und somit einen Widerspruch in sich bedeuten kann?

Ihn aufzulösen, verlangte diktatorische Vollmacht, wie sie einer der größten neuzeitlichen Tyrannen, Maximilien Robespierre, vorübergehend genoss. Er wusste, was er sagte, als er am 5. Februar 1794 vor dem französischen Konvent einen »Despotismus der Freiheit« ausrief: »Wir wollen in unserem Lande die Moral gegen den Egoismus (…), die Grundsätze gegen die Gewohnheiten, die Pflicht gegen die Höflichkeit (…) eintauschen.« Das Robespierre'sche Wir schritt zur blutigen Tat.

Solche Weiterungen haben heute selbst die schrillsten »Wir«-Redner nicht im Sinn. Immer aber sitzt im lauthals beschworenen Wir ein Größen-Ich, das wirbt und fordert und Gemeinde machen will. Es setzt in der Rede voraus, was es durch Rede erreichen will: Gemeinsamkeit, Gefolgschaft, Gesinnungstreue. Das Wir, das schaffen soll, setzt ein Ich, das es geschafft hat. Wenn Angela Merkel in den Folgemonaten nach ihrem ersten Appell, als Flüchtlinge, Migranten, Asylbewerber in unverändert großer Zahl und weitgehend unreguliert die offene Grenze nach Deutschland überquerten und dabei nicht nur Gutes im Schilde führten, auf den heiklen Satz zurückkam, trat dessen Beschwörungscharakter stets deutlicher zutage. Was als Ansporn gedacht war, geriet zum Fahnenappell vor ausgedünnter Kompanie. Aus Muttis munterer Weise wurde ein Klagelied. Die Einladung, sich der regierungsamtlichen Willkommenskultur anzuschließen, entpuppte sich als autoritärer Verzweiflungsruf: Umkehren verboten! Nun konnte nichts mehr »ganz einfach« gesagt werden. Alles erschien rasch so kompliziert, wie es von Anfang an gewesen war.

Am 31. August 2015 gab sich die Leiterin der Bundesregierung noch den Träumen der anderen hin. Die Menschen, die auf ihrem Weg durch die Europäische Union bis nach Deutschland gelangt waren, notabene obwohl das Asylrecht laut Grundgesetz auf diesen Personenkreis eher nicht angewandt werden kann, waren für Merkel Pioniere: »Wenn so viele Menschen so viel auf sich nehmen, um ihren Traum von einem Leben in Deutschland zu erfüllen, dann stellt uns das nun wirklich nicht das schlechteste Zeugnis aus.« Dankbar, heißt das, habe Deutschland für die Chance zu sein, Männer (vor allem Männer) aus Syrien, Afghanistan, Eritrea beherbergen zu dürfen. Sie sind die Zensoren. Sie bewerten Deutschland.

Der Perspektivenwechsel vom Nationalen zum Globalen, vom deutschen Blick zum Blick auf Deutschland, von der Selbst- zur Fremdwahrnehmung ist typisch für die Kanzlerin und führte, ebenfalls am 31. August 2015, zur Einsicht: »Die Welt sieht Deutschland als ein Land der Hoffnung und der Chancen, und das war nun wirklich nicht immer so.« Dieser Satz enthält das Fundamentalgesetz einer Ich-Erhöhung, die sich als Wir-Appell drapiert. Am Anfang aller Betrachtung, als grammatikalisches Subjekt und richtende Instanz, steht »die Welt«. Dort wird – zumindest moralisch – entschieden, was Deutschland gut zu Gesicht steht; in ihrem Namen spricht das Ich. Es vertritt »die Welt«. Zugleich repräsentiert das Größen-Ich die Historie, es hat, wie es früher hieß, das Mandat der Geschichte. Das redende Ich weiß, was »die Welt« will und was die deutsche Geschichte fordert, vornehmlich jene der ersten Hälfte des 20. Jahrhunderts, »... und das war nun wirklich nicht immer so«. Angela Merkel forciert die Willkommenskultur, damit die Welt die Deutschen von ihrer Geschichte freispricht.

Dieser Zusammenhang wurde deutlich, als sie in der Talkshow »Anne Will« auftrat und ihr »Wir schaffen das« näher ausführte. Schon am 7. Oktober 2015 war Merkel in die Defensive gerutscht. Gleich zu Beginn sagte sie: »Wir schaffen das. Da bin ich ganz fest davon überzeugt. Und wir müssen uns nur immer wieder fragen, was heißt das. Und das heißt auf der einen Seite, dass wir ein Land sind, in dem unheimlich viele Menschen jetzt anpacken in einer ganz besonderen Situation. Aber das ist natürlich auch eine riesige Herausforderung, und deshalb müssen wir nicht nur nach innen arbeiten. Unsere Prozesse besser machen, die Regelungen besser treffen, als Bund die Länder und die Kommunen besser unterstützen. Sondern ich muss natürlich auch in Europa arbeiten, damit wir 'ne fairere Verteilung hinbekommen. Und wir müssen es schaffen, dass wir die Flüchtlingsursachen (sic!) bekämpfen, und das können wir auch schaffen. Das heißt also, das ist eine geteilte Aufgabe, und dafür arbeite ich, aber ich bin ganz fest davon überzeugt, dass wir das schaffen.«

Geschafft werden soll unverändert viel, arbeitsteilig. Die Kanzlerin redet und reist »in Europa« und der Welt, um die »Flüchtlingsursachen (zu) bekämpfen« und die Flüchtlinge fairer zu verteilen, sodass Deutschlands Aufnahmezahlen sinken, während daheim, »nach innen« gewendet, »unheimlich viele Menschen jetzt anpacken in einer ganz besonderen Situation.« Dass die Situation – in der DDR war »die Situation« mitunter Codewort für eine politisch unangenehme Lage, man lese Uwe Kolbes gleichnamige Erinnerungsskizze von 1994 – eine »ganz besondere« ist, folgt freilich, auch wenn hier wie an anderen Stellen der gegenteilige Eindruck erweckt wird, keinem Fatum. Die Migrationskrise ist kein Schicksal, sondern sowohl »in Europa« als auch »innen« Resultat von Handeln oder Nichthandeln. Die Europäische Union bewegte sich sehenden Auges auf eine Überlastung Griechenlands und Italiens zu, wo die meisten »Fluchtmigranten« (Bundesamt für Migration und Flüchtlinge) ankommen. Deutschland unter Merkel verstärkte den Pull-Effekt, indem es die Einreise erleichterte und die Abschiebung erschwerte, sich selbst fesselte. »Unheimlich viele Menschen« müssen »jetzt anpacken«, weil sich an diesen beiden politischen Gründen im Herbst 2015 nichts geändert hatte. Deutschland blieb ob seines konkurrenzlos attraktiven Sozialstaats ein Magnet für echte Flüchtlinge, die Schlimmstes erlitten, wie für geschickte Optimierer der eigenen Lebensverhältnisse, zuletzt auch für Schurken, Gauner, Gefährder.

Die Kanzlerin schlug auch am 7. Oktober 2015 bei »Anne Will« den Bogen von dieser »eine Ausnahme darstellende(n) Situation« zur »historischen Bewährungsprobe«. Ergo: Deutschland muss in »dieser Situation« zeigen, dass es aus der Geschichte gelernt hat. Wörtlich kehrte der Gedanke wieder in der Sommerpressekonferenz drei Jahre später, am 20. Juli 2018, bezogen auf das deutsche Engagement für die Europäische Union, das für Merkel der Leitstern allen politischen Handelns war und ist: »Wir können jetzt zeigen, dass wir aus der Geschichte etwas gelernt haben.« Die konkrete Nutzanwendung, so an jenem 7. Oktober 2015 schon, besteht darin, dass Deutschland Menschen aufnimmt, statt sie zu vertreiben. Merkel will aus der Ausnahmesituation an der Grenze »wieder eine Situation (...) machen, die kontrollierter ist, die gesteuerter ist, die geordneter ist. Aber jetzt ist diese Situation da.«

Situation wird zum metaphysischen Gegenstück der Politik, dem Feld des Handelns. Situation ist, was über einen kommt: Diesen Eindruck möchte Anne Wills Einzelgast im Oktober 2015 vermitteln. »Aber richtig ist, dass wir eine Situation haben, keine Politik, sondern eine Situation. Und die muss politisch bewältigt werden, wo unsere Außengrenzen nicht richtig geschützt sind zwischen Griechenland und der Türkei und zwischen Italien und Libyen.« Das Mittelmeer zwischen beiden letztgenannten Ländern gilt hier als offene Grenze zweier Anrainerstaaten.

Schicksal, als Situation betrachtet, verengt die Handlungsräume des Politischen auf einen winzigen Korridor. Nur für diesen erklärt Angela Merkel sich zuständig. »Es liegt ja nicht in meiner Macht. Es liegt überhaupt in der Macht keines Menschen aus Deutschland, wie viele zu uns kommen. (...) Es hat ja keinen Sinn, so zu tun, als hätten wir das in der Hand, wie viele Flüchtlinge morgen kommen.« Der Machtmensch redet sich klein zum Objekt der Sachzwänge, zum Spielball der Launen des Schicksals. So exkulpiert er sich im Voraus von den Folgen seines Tuns, des wenigen Tuns, das ihm blieb.

Die Grenzen schützen, die Aufnahme stoppen? Unmöglich. »Das Problem ist ja, Sie können die Grenzen nicht schließen. Wir haben Grenzkontrollen durchgeführt. Wenn wir die Grenzen schließen würden, Deutschland hat 3.000 Kilometer Landgrenze, dann müssten wir um diese 3.000 Kilometer einen Zaun bauen. Wir konnten in Ungarn besichtigen, was dabei herauskommt, wenn man einen Zaun baut. Dann werden die Menschen sich andere Wege suchen. (...) Das wird nicht klappen.« Die Nachfrage unterblieb, ob »die Menschen« einen erfolgreichen Weg nach Ungarn gefunden haben trotz rigiden Grenzregimes.

Keine Alternative gibt es in dieser Perspektive Merkels zum Einladeland Deutschland. Die Hände sind der Exekutive faktisch gebunden und historisch gefesselt. Was nicht funktioniert, darf nicht funktionieren. Nur

»ein freundliches Gesicht« allen, die da kommen, kann Deutschland mit sich versöhnen. Überspitzt formuliert, braucht Deutschland die Flüchtlinge, um es mit sich selbst auszuhalten. Das neue Wir darf dann – und erst dann – »auch ein Stück stolz auf sich sein.« Dann nämlich, wenn vor der Welt bewiesen ist, »wir können nicht nur außergewöhnliche Situationen bewerkstelligen, wenn es beim Fall der Mauer notwendig war, sondern wir können auch außergewöhnliche Situationen schaffen, wenn es etwas ist, was uns die Globalisierung bringt.«

Das Wir soll schaffen, abermals. Nun wird die Leistung, die Herausforderung, die Situation genau definiert. Sie besteht darin, das deutsche Wir friedlich zu erweitern: »diejenigen, die schon lange in diesem Land leben« – von Deutschen spricht die Kanzlerin selten –, deren Teilmenge die »unheimlich vielen« anpackenden Bürger sind, plus »Menschen, die vielleicht noch gar nicht so lange hier leben, aber sich auch einsetzen,« plus »ein paar Neue, auch einige Neue.« Im Kalenderjahr 2015 gab es einen »Wanderungsüberschuss von 1.139.000 Personen aus der Bilanzierung der Zu- und Fortzüge über die Grenzen Deutschlands: ein neuer Höchststand seit Bestehen der Bundesrepublik.« (Quelle: Destatis) Mehr als »ein paar Neue« dürften sich darunter befinden. Das Ziel des ebenso beschworenen wie verordneten Schaffens, das finale »das« ist demnach benannt. Es sind die »neuen Deutschen« (Herfried und Marina Münkler). »Wir schaffen das« meint vor diesem Hintergrund: Wir sollen ein neues Wir werden.

Am 29. Februar 2016, erneut bei »Anne Will«, setzte Angela Merkel ihre Erzählung »einer sehr schwierigen Situation« fort. Angesprochen auf die wachsenden

Zweifel am »Wir schaffen das«-Programm, erklärte sie: »Ich glaube, dass der Satz um so wichtiger ist, weil er eine Richtung vorgibt.« Auch nach den Übergriffen durch Migranten in der Kölner Silvesternacht gebe es »die vielen, vielen, die nach wie vor für Flüchtlinge da sind (...). Denen bin ich nach wie vor dankbar. Und denen sage ich, ja, es ist ein schwieriger Weg. Es ist nicht einfach. Es geht um Deutschland, es geht um Europa, es geht um unser Ansehen, um unser Auftreten in der Welt angesichts von Bürgerkriegen und Terror, und das ist eine ganz, ganz wichtige Phase unserer Geschichte, und deshalb danke ich denen ganz besonders.«

Bemerkenswerte Verschiebungen haben sich ereignet bei unverändertem Grundbass. Aus »unheimlich viele Menschen« im Oktober 2015 wurden vier Monate später »die vielen, vielen (...) nach wie vor«, also nicht mehr ganz so viele. Die Willkommenskultur steht Ende Februar 2016 faktisch unter Vorbehalt. Vorbehaltlos jedoch gilt das historische Mandat und gilt die Instanz, die über jenes entscheidet: »Europa« und »Welt« werden »unserer Geschichte« das Urteil sprechen, und zwar nach der Maßgabe des gegenwärtigen »Auftretens«, des Umgangs mit den vor »Bürgerkriegen und Terror« in die Europäische Union geflohenen Migranten. Bitterernst ist es der Kanzlerin mit dieser Lektion, die sie delegiert. Die Lehren aus dem Dritten Reich sollen stellvertretend jene Menschen praktisch ziehen, »die für Flüchtlinge da sind«, damit die Welt erkenne: Deutschland ist wieder gut.

Merkel gibt am 29. Februar 2016 bei »Anne Will« bekannt, »was mich leitet« und was »nachhaltig richtig für Deutschland« ist. Die deutsche Bundeskanzlerin will »Europa zusammenhalten und auch Humanität zeigen«

und verhindern, dass Europa in der Migrationsfrage »darüber kaputtginge«. Denn »wer auf Deutschland guckt, muss nach Europa gucken und muss über die Grenzen Europas hinausgucken.« Von der Welt über Europa hinab in die deutsche Provinz führt Merkels Verantwortungsweg. Präzedenzlos ist der Fall, dass ein Oberhaupt der Bundesregierung seine »verdammte Pflicht und Schuldigkeit« jenseits der Staatsgrenzen findet und »alles dafür (...) tun« will, »dass dieses Europa einen gemeinsamen Weg findet.« Bekanntlich kam es dazu nicht. Die »Lösung des Problems«, die Merkel im Februar 2016 für die Zeit »in ein, zwei Jahren« in Aussicht stellte, eine Lösung, »für die wir uns (...) nicht schämen müssen«, gibt es bis heute nicht. Die Unterschiede in der EU auf dem Feld der Migrationspolitik sind gewachsen. Die Kanzlerin desintegriert. Droht damit eine neue deutsche Scham? So müsste man Merkels Aussagen deuten, sieht sie doch in der europäischen Lösung der Flüchtlingsfrage die einzige Möglichkeit, der deutschen Verantwortung gerecht zu werden. Von der »verdammten Pflicht und Schuldigkeit« der Kanzlerin blieb mangels Erfolg nur jenes solipsistische Glasperlenspiel, das sie im Februar 2016 selbst andeutete: »Ich denke hin und her, und ich hab' wahrscheinlich über überhaupt noch nix so viel nachgedacht wie über diese Frage.«

Wie stellte sich die Situation ein knappes halbes Jahr später dar? Am 28. Juli 2016 in der Bundespressekonferenz unmittelbar vor der Sommerpause, ein fester Termin im Kalender der Hauptstadtjournalisten, war abermals »Wir schaffen das« Thema. Und wieder deutete sie den Satz als Handlungsempfehlung in »einer historischen Bewährungsaufgabe in Zeiten der Globalisierung«:

Das Wort von der »Bewährungsaufgabe« gab es zuvor nicht. Es ist ein Blähwort. Es bindet Silben, um den Sinn zu verdicken. Es ist eine rhetorische Mehlschwitze. Eine historische Aufgabe ist gemeint, die wie jede Aufgabe eine Bewährung ist. Man weiß nicht, ob man sie besteht. Als »Bewährungsaufgabe« wird das pädagogische Element explizit. Deutschland soll diese Aufgabe unbedingt meistern. Darum sind steigend beide Begriffe präsent: »Aber ich bin heute wie damals davon überzeugt, dass wir es schaffen, unserer historischen Aufgabe – und dies ist eine historische Bewährungsaufgabe in Zeiten der Globalisierung – gerecht zu werden. Wir schaffen das, und wir haben im Übrigen in den letzten elf Monaten sehr, sehr viel bereits geschafft.«

Auch dem Subjekt des Satzes wurde am 28. Juli 2016 eine weitere Interpretation zuteil. »Wir – das sind wir alle. Die Politik in Bund, Ländern und Kommunen, die vielen Ehrenamtlichen, die Sicherheitsbehörden. Möchte mich hier an dieser Stelle bei der Polizei bedanken, gerade in den letzten Tagen hat sie Außergewöhnliches geleistet. Die Bürgerinnen und Bürger. Wenn ich an die Menschen in München und in Ansbach denke. Wir – das ist trotz aller Mühsal, die wir manchmal spüren – auch Europa, der Schutz unserer Außengrenzen, Bekämpfung der Fluchtursachen – das zentrale Thema –, die Nato, das Türkei-EU-Abkommen. Und das, das ist Menschen in Not zu helfen, Terror zu bekämpfen und alle Menschen in Deutschland zu schützen, Fluchtursachen zu vermindern, Deutschland und Europa zu stärken in Zeiten der Globalisierung. Wir arbeiten, um Freiheit und Sicherheit in eine Balance zu bringen und damit sicherzustellen, dass wir unsere Art zu leben auch weiter leben können.«

Man hört's und staunt und liest's und staunt noch mehr. Das Wir hat sich globalisiert. Hinzugetreten sind einerseits »die Sicherheitsbehörden«, schließlich gab es eine knappe Woche vor der Sommerpressekonferenz einen Amoklauf in München, bei dem ein 18-jähriger Schüler neun Menschen tötete. Und es gab zwei Tage danach im bayerischen Ansbach einen islamistischen Sprengstoffanschlag durch einen syrischen Asylbewerber mit 15 Verletzten und dem Tod des Attentäters. Mit den an den deutschen Staatsgrenzen willkommen geheißenen Migranten waren auch Terroristen und Verbrecher ins Land gekommen. Insofern musste das Wir um die Polizei erweitert werden. Zugleich ging damit eine Dezimierung einher, galt es doch vom Wir der »paar Neuen« (Oktober 2015) jene »Neuen« abzuziehen, die Waffen oder Bomben gegen »diejenigen, die schon lange in diesem Land leben«, (ebenfalls Oktober 2015) richten.

Und so wurde in das neudeutsche Wir an jenem 28. Juli 2016 in einem Satz erst Europa, dann die Welt eingemeindet. »Wir – das sind wir alle« meinte plötzlich »Wir – das ist der Globus«. Was zumindest mit der Etathoheit des deutschen Bundestags kollidiert. Oder ist ein unverbindliches Eine-Welt-Gefühl gemeint, das moralische Distinktionsgewinne ausschüttet, ohne dass zuvor geldwerte Einlagen erbracht worden wären? Wohl kaum. Stattdessen: »Wir – das ist (...) auch Europa, der Schutz unserer Außengrenzen, Bekämpfung der Fluchtursachen (...), die Nato, das Türkei-EU-Abkommen. Und das, das ist Menschen in Not zu helfen, Terror zu bekämpfen und alle Menschen in Deutschland zu schützen, Fluchtursachen zu vermindern, Deutschland und Europa zu stärken in Zeiten der Globalisierung.«

Das Wir ist planetarisch geworden. Und es beschreibt keinen Raum, keine Identität, keine Geschichte, kein Volk, sondern ein Tun. Nur praktisch, nirgends sonst, definiert sich das Wir. Es ist flexibel und ambulant, dieses Wir. Es ist da, wenn und wo die Agenda der Regierung verwirklicht wird, wenn und wo Fluchtursachen bekämpft oder vermindert werden, wo und wenn »Menschen in Not« geholfen, Migranten mit deutschem Steueraufkommen aufgeholfen wird. Es zerfällt, das neue Wir, wo Deutsche sich auf sich selbst zurückziehen, kontemplativ verharren in der Betrachtung des eigenen Herkommens, des eigenen Daseins. Da wird dann kein Wir mehr sein: So lautet die bedrückende Botschaft vom 28. Juli 2016.

Umso schärfer hebt sich von diesem aktivistischen Plädoyer wenige Minuten später das Bekenntnis ab zu Gelassenheit im Angesicht des islamistischen Terrors. »Das Problem werden wir nicht dadurch lösen, dass wir so tun, als wenn's nicht existiert, sondern man muss es sozusagen in seiner vollen Dramatik auch darstellen und auf sich zukommen lassen, um die richtigen Maßnahmen treffen zu können.« Ein größerer Widerspruch zwischen »Dramatik« und »auf sich zukommen lassen« ist kaum denkbar. Zyniker mögen darauf hinweisen, der islamistische Terror sei dann im Dezember 2016 auf den Berliner Breitscheidplatz auf uns zugekommen. Dessen ungeachtet deutet die Wortwahl vom 28. Juli 2016 auf einen Zwiespalt, der politisch nicht zu kitten ist. Der Scheinwiderspruch, es wäre auch nur irgendjemand bereit, das Terrorproblem zu leugnen, »als wenn's nicht existiert«, mündet in eine paradoxe Scheinauflösung. Was niemand behauptet hat, soll dadurch entkräftet werden, dass man: nichts tut. Dass man zumindest alle

Aktivität auf das »Darstellen« beschränkt – Arbeitskreise, Arbeitskreise, Arbeitskreise – und ansonsten Allah einen guten Mann sein lässt. Nur wer den Terror auf sich zukommen lässt, der könne »die richtigen Maßnahmen treffen«. Das beim Wort genommen hieße freilich, auf Politik verzichten und dem Fatalismus die Bühne überlassen.

Der kryptische Schluss der denkwürdigen Sommerpressekonferenz vom 28. Juli 2016 weist in eine andere Richtung. Auf die Frage, was die Kanzlerin auf den Vorwurf erwiderte, ihre Willkommenskultur sei schuld an den Attentaten, folgt ein rätselhaftes Improptu zur Entscheidungsfindung im September 2015, als »diese Situation« zum massenhaften Zustrom an Migranten führte. Man wollte eben »unserer humanitären Verantwortung gerecht werden.« Dann aber raunt es: »Ich glaube, dass ein Verweigern einer humanitären Verantwortung genauso viele oder vielleicht ganz andere, aber sehr schlechte Folgen für uns gehabt hätte, die ich nicht eingehen würde und die ich Deutschland nicht empfehlen konnte.«

Wie gesagt, die Frage lautete nach der Verantwortung der Merkel'schen Willkommenskultur für terroristische Attentate. Schlimme und »ganz andere Folgen« als diese Gewalttaten hätte demnach eine Zurückweisung der Migranten an der Grenze gezeitigt. Deutschland müsste einen höheren Preis zahlen als Attentate, wenn es seine Grenzen geschlossen hätte. Woran sollen wir da denken? An den Totalruin deutschen Ansehens und Auftretens in der Welt? Ein solcher wöge nicht schwerer als Menschenleben. An katastrophale Konsequenzen aus dem zuvor erwähnten »Türkei-EU-Abkommen«? Will man nicht in Verschwörungstheorien ausgreifen, bleibt hier eine effektvoll gesetzte Leerstelle als Kern des Regierungshandelns. Dass die Aussage nicht von den Medien, nicht von der Öffentlichkeit aufgegriffen worden ist, setzt auf dieses Rätsel ein neues. Vielleicht stach hier kurz die Authentizität aus der Maskenrede hervor – und dann war sie verschwunden.

»Ein Teil dieser Antworten würde die Bevölkerung verunsichern. Ein Teil dieser Antworten würde unser Verhalten in Zukunft erschweren.« Das sagte Bundesinnenminister Thomas de Maizière, nachdem er im November 2015 das Fußballländerspiel zwischen Deutschland und den Niederlanden in Hannover wegen einer Terrorwarnung kurz vor Anpfiff abgesagt hatte. Von den Antworten, die die Kanzlerin hätte geben müssen, gilt dieser Zusammenhang offenbar auch. Warum sie also den Import von Terror in Kauf genommen habe, als sie die Willkommenskultur lancierte? Was wären »ganz andere, aber sehr schlechte Folgen« für Deutschland gewesen, ohne Willkommenskultur, ohne erhöhtes Anschlagsrisiko? Warum sind Mord- und Straftaten das geringere Übel? Ein Teil der Antworten würde uns alle verunsichern.

Zwei Jahre später, wieder bei der sommerlichen Bundespressekonferenz: Am 20. Juli 2018 – dem Jahrestag des missglückten Attentats auf Adolf Hitler, einem hochsymbolischen Datum – weht der Mantel der Geschichte durch den Berliner Zweckbau. Wiederum wie schon oft schließt die Kanzlerin das deutsche Verhalten der unmittelbaren Gegenwart und jenes in der jüngeren Vergangenheit kontrastierend kurz. Die »nachfolgende Generation« stehe nun »vor der Verantwortung (…), richtige Entscheidungen zu treffen.« Schließlich werde »in dieser Phase entschieden (…), ob wir wirklich aus der Geschichte gelernt haben oder ob das sozusagen doch nicht so von den zukünftigen Generationen verinnerlicht wurde. Und deshalb sind mir so bestimmte Prinzipien so wichtig.« Die möglichst großzügige Aufnahme von Migranten ist der Lackmustest für die wiedergewonnene deutsche Zivilität.

Die »Geschichte des Nationalsozialismus« macht die Willkommenskultur ebenso alternativlos wie die Einbindung in die EU. »Fühlen wir uns dann wirklich auch, wenn's für uns schwierig ist, Europa verpflichtet? (...) Wir können jetzt zeigen, dass wir aus der Geschichte etwas gelernt haben.« Der neue, der innerlich vielfach gemischte Deutsche ist in dieser Perspektive der EU-Deutsche, allen Alleingängen abhold, nationale Souveränität in Anführungszeichen setzend. Oder, wie Angela Merkel es in der Generaldebatte zum Haushalt am 12. September 2018 sagte: »Es ist in unserem Interesse, für ein starkes Europa zu sorgen.« Als Akteur ist die Bundesrepublik noch präsent, jedes Schaffen braucht einen Schaffenden, doch das legitime Sorgen, Sichkümmern, Helfen dient der Europäischen Union (mit mäßigem Erfolg) oder dem afrikanischen »Nachbarkontinent« (ohne Erfolg), diesen beiden.

So blieb auch 2018 wenig geschafft, waren weder die »Probleme der Migration« (Juli 2018) gelöst noch war das Vollzugsdefizit behoben, »wenn sich nach Tötungsdelikten einmal mehr herausstellt, dass dies Straftäter sind, die schon mehrere Vorstrafen haben oder Menschen sind, die vollziehbar ausreisepflichtig sind.« (September 2018) Wenige Tage zuvor hatte in Chemnitz vermutlich ein ausreisepflichtiger Syrer einen Deutschen durch eine Messerattacke getötet und zwei weitere schwer verletzt.

Die Sommerpressekonferenz des Jahres 2018 schloss mit einer Aussage, reif für die Annalen des deutschen Parlamentarismus. »Für die Bundesregierung«, improvisierte die Kanzlerin, »kann ich sagen, dass wir Recht und Gesetz einhalten wollen werden und da, wo immer das notwendig ist, auch tun.« Der mündliche Vortrag ließ es in der Schwebe, ob »wollen werden« als Futur oder aufzählend im Sinne von »wollen, werden« gemeint war. Auf der offiziellen Internetpräsenz der Bundesregierung wurde der Wortlaut geglättet zu »wollen und werden« und also verfälscht. Dennoch ist es bemerkenswert, dass eine Kanzlerin die Frage nach der Rechtstreue ihrer Regierung als prinzipiell offen betrachtet. Eine Frage, die sich eigentlich nicht stellt, stellt die Kanzlerin selbst. Sie impliziert, es könne Fälle geben, wo es nicht »notwendig« ist, »Recht und Gesetz einzuhalten«. Ein Schelm, wer da an offene Grenzen denkt oder an verzögerte Abschiebungen straffällig gewordener Asylbewerber oder den laxen Umgang mit Intensivtätern.

Vielleicht war alles nur ein sprachlicher Fauxpas. Der Fauxpas wäre dann aber der natürliche Aggregatzustand der Reden Merkels, der sprachliche Kokon um eine Redeverweigerung, der verbale Guss auf einem strategischen Schweigen. Wer in Zeiten medialer Dauerbeobachtung nicht kommunizieren will, muss den Diskurs simulieren. Das hohle Plauderwort nimmt er, nimmt sie in Kauf. »Deutschland ist ein tolles Land.« (Oktober 2015) »Afrika ist ein toller Kontinent.« (September 2018)

Verordneter Optimismus wird zum Soundphänomen. »Und dann ist doch die Aufgabe einfach, dass man so herangeht, dass man das schafft, und dann kann man das auch schaffen, und ich hab' überhaupt kein Zweifel. Und stell'n Sie sich mal vor, wir würden jetzt alle miteinander erklären, wir schaffen's nicht, ähm, und dann? Aber das geht doch nicht.« Der »Optimismus und auch die innere Gewissheit (...), dass diese Aufgabe lösbar ist,« (Oktober 2015) werden Staatsbürgerpflicht. Oscar Wilde befürchtete: »Die Wurzel des Optimismus ist Angst.«

Dass zwischen der Verweigerung von »allen« und einem regierungspraktischen Realismus Welten liegen können, ist in dieser Scheinopposition nicht vorgesehen. Ebenso wenig wie der Unterschied von Aufmunterung und Mittelverwendung. »Wir schaffen das« nämlich nur, wenn auch die, die dieses Ziel nicht teilen, durch ihr Wirtschaften die Steuermittel für die Transformation des großen Wir aufbringen. Deshalb steht das »Wir« in jeder regierungsamtlichen Doktrin nicht nur unter Finanzierungs-, sondern auch unter Sinnvorbehalt.

Die Pfälzer Schar im Angesicht des rasenden Meteoriten Gisbert kam vielleicht noch einmal davon. Vielleicht aber nicht. Die Fernsehserie des Südwestrundfunks lässt es offen. In den Köpfen war auf jeden Fall Apokalypse und Abschied. Der einsame Rufer zum Horizont hat eines aber tatsächlich geschafft. Sein eher leises als lautes und ganz individuelles »Wir schaffen das« war ein Sehnen, kein Befehl, eine Hoffnung, keine Staatsaktion. Er hoffte im womöglich letzten Lebensmoment, da möge ein Wir sein, das trägt über die Grenzen allen Schaffens hinaus. Schaffen wir es, dieser Hoffnung standzuhalten?

KAPITEL 4

»Jeder verdient Respekt«

Deutschland ist ein respektvolles Land. Es gibt Stiftungen, Bündnisse, Kampagnen, Büros, Initiativen und Vereine zuhauf, die sich einem einzigen Ziel verschrieben haben: Respekt zu pflanzen in den Herzen aller, die hier leben. Unmöglich kann das konzertierte Wirken unbemerkt bleiben. Oder sind all diese Bemühungen vergebliche Regentropfen, die verdunsten, ehe sie die Wüsteneien der Herzen erreichen? Ebenfalls Artikel und Bücher sonder Zahl gibt es nämlich, die im Respekt das immer stärker vermisste Bindeglied zwischen den Menschen sehen. Wir leben in respektlosen Zeiten, heißt es dann.

Den Allgewaltigen des Fußballclubs Bayern München war dieser traurige Befund eine Pressekonferenz wert. Am 19. Oktober 2018 polterte Karl-Heinz Rummenigge in Richtung der versammelten Presse, »unverschämt, respektlos und polemisch« sei mancher Artikel über Spieler des FC Bayern gewesen. Vereinspräsident Uli Hoeneß blies ins selbe Horn und kündigte Gegenmaßnahmen an, »wir werden keine respektlose Berichterstattung weiterhin akzeptieren«. Zum Zeitpunkt der anklagenden Aussagen belegte der deutsche Fußballrekordmeister Rang Sechs in der Bundesliga. Der achte Spieltag stand bevor.

In Berlin residiert »Respekt! Die Stiftung«. Sie will »jugendkulturelle Vielfalt und Toleranz, Forschung und Bildung« fördern, durch Erforschung der Jugendkulturen vor allem. Ein Buch ist entstanden über und mit »jungen Geflüchteten aus Syrien«. Die Stiftung verleiht den »European Youth Culture Award«, 2018 unter anderem an das »Alternative Jugendkulturzentrum Bad Kreuznach« und »Olad Aden – Gangway Beatz«. Ebenfalls für »Respekt, Akzeptanz und Menschlichkeit« und auch für ein »solidarisches Dresden ohne Rassismus« setzt sich das 2016 gegründete Bündnis »Dresden. Respekt« ein. Es organisiert Demonstrationen, etwa am 21. Oktober 2018: »Alle Menschen dürfen sich in unserem Land frei entfalten, solange sie die Rechte anderer nicht verletzen.«

In Köln wiederum warb die von der Stadt unterstützte und mitinitiierte Kampagne »Respekt« an Silvester 2017 für »respektvollen Umgang« miteinander – in Reaktion auch auf die Kölner Vorfälle und Übergriffe an Silvester 2015 durch Migranten. »Alle haben ein Anrecht auf den Respekt der Anderen«, sind sich die Kölner Oberen sicher. Stilmittel der Wahl waren »fluoreszierende Leuchtbändchen am Handgelenk« für das »persönliche Bekenntnis zu mehr ›Respekt‹«, lieferbar auf Deutsch, Englisch, Französisch, Arabisch und Farsi. Deren 15.000 Stück ließ die Stadt produzieren. Wie viele davon benutzt wurden und wie viele Übergriffe sie verhinderten, ist nicht überliefert.

In Dortmund sorgt sich das Jugendamt um den Respekt und richtete ein »Respekt-Büro« ein. Unter dem Motto »Respekt ist mehr als Toleranz« – doch Hand aufs Herz: Schon mit inner- und interreligiöser Toleranz wäre viel gewonnen – bietet man »Workshops, Trainings und Projekte« an für »junge Menschen, die für sich und andere aktiv werden wollen«. Mehrheitlich dürfte bei dieser Zielklientel in dieser Stadt an Einwandererfamilien nichteuropäischen Ursprungs gedacht sein. Auch dem Rechtsextremismus soll gewehrt werden. In Bonn widmet sich die Initiative »Respekt!« an der Hochschule Bonn-Rhein-Sieg der Nachhaltigkeit und der »Charta der Vielfalt«. Der Respekt für andere Menschen und für die belebte Natur, der hier eingeklagt wird, kommt aus der richtigen Überzeugung, »Vielfalt führt zu Ideen, Innovationen und neuen Perspektiven, erweitert Horizonte. Die Wertschätzung des Anderen und des Andersseins ist ein zentraler Wert unserer demokratischen Gesellschaft.«

Konkret gab es 2018 beispielsweise Führungen unter dem Banner »Respekt!« durch die Bonner Moschee Al-Muhajirin und die Synagoge Tempelstraße und die katholische Kirche St. Remigius, Vorträge über »nachhaltigen Papierverbrauch«, einen Workshop zu »Deutschland aus afrikanischer Perspektive« und am Ende des Ramadan die gemeinsame Feier des Zuckerfests »mit allen Hochschulangehörigen«. Auf weit weniger Aktivitäten kann der Berliner eingetragene Verein »Respekt für Griechenland« verweisen. Doch man trifft sich »in der Regel jeden ersten Dienstag im Monat um 17:00 Uhr in den Räumen der Stiftung ›Umverteilen‹, Merseburgerstr. 3, 10823 Berlin.« Gründungsimpuls war 2015 die Kritik am finanzpolitischen Umgang mit dem hochverschuldeten Griechenland durch Deutschland und die EU. Die Liste der Stiftungen, Bündnisse, Kampagnen, Büros, Initiativen und Vereine zur Hebung des gesellschaftlichen Respektlevels ließe sich auf Buchlänge fortsetzen.

Man kann und soll also als Mensch Respekt empfinden, artikulieren und praktizieren, je nach Schwerpunkt, für ein anderes Land, für andere Religionen, andere Menschen, andere Lebewesen, für Fußballstars. Es gibt offenbar kaum eine Erscheinung der belebten Natur, für die sich kein Respekt einfordern ließe. Der Respekt teilt die hermeneutische Unwucht mit jenen Begriffen, in deren Gefolge er rhetorischer Beifang sein kann, der Vielfalt, der Solidarität, der Toleranz (siehe Kapitel 8). Entgrenzung ist ihnen eingeschrieben, »alle haben ein Anrecht auf den Respekt der Anderen.« Neuerdings.

Im gleichen Maße nämlich, in dem der Anwendungsbereich des Respekts ins Uferlose wuchs, änderte sich dessen Bestimmung. Noch die Menschen des frühen 20. Jahrhunderts hätten sich einen Satz wie »jeder verdient Respekt« mühsam herbuchstabieren müssen. Jeder Mensch hat eine Würde, unverlierbar. Alle Menschen sind in ihrer jeweiligen Besonderheit zu akzeptieren. Jedermann sollte ein Minimum an Höflichkeit walten lassen, auch und gerade Unbekannten gegenüber, an Rücksichtnahme, an Zuvorkommenheit. All das: Ja, natürlich. Respekt aber gebührte Respektspersonen. Respekt schuldete man der Obrigkeit, die ihn wiederum forderte. Es war Respekt *vor* einem, nicht Respekt *für* einen Menschen. Noch unmittelbar vor seinem legendären Kraftwort wusste Goethes Götz von Berlichingen, was sich gehört: »Vor Ihro Kaiserliche Majestät hab ich, wie immer, schuldigen Respekt. Er aber, sag's ihm, er kann mich …«. Respekt verlangte den Dativ. Heute triumphiert der Akkusativ.

Eine zweite Bedeutung hat die erste mittlerweile fast ganz verdrängt. Respekt meint heute Applaus ohne Ansehung der Leistung. Achtung ohne achtenswerte Gründe. Schon das Wort von der Respektsperson klänge nach Kaiserreich, Brillantine und Gamasche. »Respekt, wo sich's gebührt«, blieb selbst Mephistopheles einst nicht schuldig. Die Majestät stand an der Spitze der Respektspyramide. Heute ist jeder dem anderen Majestät und sich selbst zuerst. Ein demokratischer Fortschritt ganz ohne Frage, vielleicht die letzte Nutzanwendung aus der Ahnung, dass der Mensch die Krone der Schöpfung sei, jeder Mensch. Eine prinzipiell respektlose Gesellschaft kann niemand wollen, und dass diese Gefahr auch im Zuge der Transformation Deutschlands zur Migrationsrepublik droht, zeigen die »Respekt!«-Programme für gefährdete Jugendliche.

Andererseits entweicht bei rhetorischer Entleerung der Sinn des Gemeinten zuverlässig. Wenn noch der frechste Großstadtrüpel und der brutalste Autoraser mit dem Ruf nach Respekt Absolution verlangen für ihr Fehlverhalten, wird dieses zur Norm. Jede Untat geht als authentischer Ausdruck verbogener Persönlichkeit durch, wenn sie unsanktioniert Respekt erheischt. Um nachhaltig der Respektlosigkeit ihr Respektsetikett zu nehmen, muss der Respekt vom Gratisgeschenk für alle zum Ehrentitel der Vielen werden – unter demokratischen Vorzeichen.

Darum tut es gut, sich des ersten Sinns rückzuversichern. Ihn gilt es zu transformieren. Immanuel Kant definierte Respekt in der »Metaphysik der Sitten« (1797) knapp als »mit Furcht verbundene Achtung«. Respekt ist eine Bringschuld, die das Gewissen, ein »innerer Richter«, zu erweisen fordert. Nicht Achtsamkeit, sondern Achtung dem speziellen Anderen gegenüber verlangt sie. Damit war die lange Zeit unhintergehbare Nähe von Respekt und Heiligkeit benannt. Der Respekt eröffnet einen Raum des Unantastbaren. Wenigen kommt er zu, diesen aber absolut. Es war das glatte Gegenteil des heutigen sozialen Rundum-sorglos-Pakets mit der Extraportion Respekt, an dem sich jeder bedienen darf. À discrétion.

Hegel reiht in seinen »Vorlesungen über die Geschichte der Philosophie« (1837) den »Respekt der Kinder gegen die Eltern« in eine Begriffsreihe, mit der die »schöne Scham« erläutert werden sollte, welche Göttervater Zeus verliehen habe. Hier taucht der Respekt nebst »natürlichem Gehorsam, Ehrfurcht, Folgsamkeit« auf, gekrönt vom Respekt gegen »höhere bessere Naturen«. Respekt ist eine Haltung adelnder Subordination, von unten nach oben gerichtet. Der umgekehrte Fall ist nicht vorgesehen. Dass auch einem Gott und den Göttern und den Eltern Respekt abverlangt werden kann, am Ende gar gegenüber Mann und Frau und Kind, übersteigt den antiken Horizont.

Bei Max Stirner, dem radikalen Denker des Egoismus, ist die Welt ein Zweikampf zwischen Herren und Untergebenen, und diese haben »in Ehrfurcht und Respekt die ›Untertanenpflichten‹« zu erfüllen. Respekt steht hier der Befreiung zu sich selbst im Weg und ist ein Herrschaftsinstrument. »Alles«, folgert Stirner klar, »wovor ihr einen Respekt oder eine Ehrfurcht hegt, verdient den Namen eines Heiligen; auch sagt ihr selbst, ihr trüget eine ›heilige Scheu‹, es anzutasten.« Respekt hat als Überschrift ein ›Noli me tangere‹. In der heiligen Scheu kehrt Hegels schöne Scham wieder, die Stirner dergestalt zum Joch auf den Schultern des unverwechselbar Einzelnen, des Einzigen, erklärt. Sie gilt es zu tilgen. Respektlosigkeit ist in Stirners Hauptwerk »Der Einzige und sein Eigentum« (1844) der Anfang aller Revolution. »Es rechnet der politische Liberalismus, wie alles Religiöse, auf den Respekt, die

Humanität, die Liebestugenden. Darum lebt er auch in unaufhörlichem Ärger. Denn in der Praxis respektieren eben die Leute nichts, und alle Tage werden die kleinen Besitzungen wieder von größeren Eigentümern aufgekauft, und aus den ›freien Leuten‹ werden Tagelöhner.« Geschichte zermalmt den Einzigen, solange dieser Respekt wahrt.

Auch Karl Marx begreift in »Die deutsche Ideologie« (1845/46) Respekt als »das Verhältnis zum Heiligen«, denn »Respekt, Achtung etc., diese gemütlichen Kategorien«, gelten für die »Beziehung auf das Heilige oder auf ein Drittes als Heiliges.« Effektiv Respekt einfordern und erhalten, verleiht quasi-heilige Qualitäten. Respekt zeichnet den absolut Mächtigen aus. Respekt ist Ehrerbietung für Unantastbare und nicht umkehrbar. Respekt, wie er hier verhandelt wird, ist eine Einbahnstraße. Er sei »wie die Furcht Gottes zu allen Dingen nütze«. Marx setzt »Respekt« an dieser Stelle in Anführungszeichen und zeigt sich damit als echter Stirnerianer. Ein Pseudo-Respekt kettet die vielen wirtschaftlich Abhängigen an die wenigen Unabhängigen. Freie Leute bleiben eine Chimäre, solange dieser Respekt herrscht.

Nietzsche schließlich stellt in »Der Antichrist« (1888) die entscheidende Frage, die unsere Gegenwart noch nicht beantwortet hat, die Frage nach dem Zusammenhang der Rede vom Respekt und der großen Moralbehauptung derer, die sie im Mund führen. Wenn »die Moral beinahe dadurch fortbesteht, dass der Parteimensch jeder Art jeden Augenblick sie nötig hat« –, man ergänze: dadurch, dass der Moralforderer selber keine hat außer im Moment der Behauptung –, dann führt das Ich sich selbst ad absurdum. Es ist nicht mehr ernstzunehmen im Schwall seiner Rede. Nietzsche zitiert die Phrase dessen, der sich routiniert coram publico in die Brust wirft mit den Worten, »dies ist unsre Überzeugung: wir bekennen sie vor aller Welt, wir leben und sterben für sie – Respekt vor allem, was Überzeugungen hat!« Der letzte Satz fände heute mindestens genauso viele Claqueure wie zu Nietzsches Zeiten. Der aber lässt alle moralische Luft aus dieser parteilich-parteiischen Respektspose: »… dergleichen habe ich sogar aus dem Mund von Antisemiten gehört. Im Gegenteil, meine Herrn! Ein Antisemit wird dadurch durchaus nicht anständiger, dass er aus Grundsatz lügt«.

Die bloße Form, die bloße Zahl, das nackte Faktum verdienen nicht voraussetzungslos Respekt. Auch unter Stalinisten gab es Idealisten, Mao verstand sich als Befreier Chinas, Dschihadisten glauben an die heilsgeschichtliche Bedeutung ihres mörderischen Handwerks – verdienen sie Respekt, weil sie aus Überzeugung taten, wozu sie standen? Natürlich nicht. Nicht jeder verdient Respekt. Applauswürdig ist nicht alles. Die Vertreter der Phrase, jeder verdiene Respekt, ahnen es und flüchten zur Paradoxie. Verdienst ist Resultat einer Leistung. Was jeder verdienen soll, kann sich keiner Leistung verdanken. Und ebendiese Nichtleistung wird zum Kriterium der Zustimmung. Woraus sich ergibt: Beifall für alle ist Einverständnis mit nichts. Ein universales Desinteresse am Menschen tönt aus der Phrase, jeder verdiene Respekt. Man kann sie nur aussprechen, wenn einem alles egal ist.

Was meinte dann aber der deutsche Bundespräsident, gewiss kein naiver und erst recht kein empathiefreier Mensch, wenn er am 23. Juni 2018 in Cottbus bei der »Jubiläumsveranstaltung ›20 Jahre Tolerantes

Brandenburg‹« mit Blick auf fremdenfeindliche Übergriffe sagte: »Es gibt eine Tendenz zur Verrohung und Entsolidarisierung in unserem Land, auf die wir reagieren müssen. Es geht darum, gezielte Gegenstrategien zu entwerfen. Toleranz, Respekt, friedliches Miteinander: Diese Werte müssen wir in der Gesellschaft insgesamt – auf allen Ebenen – viel konsequenter vorleben und einfordern«? Oder wenn er am 7. September 2018 auf Schloss Bellevue bei der Eröffnung des Bürgerfestes des Bundespräsidenten erklärte: »Gegen grundlose Wut, auch gegen Demokratieverachtung, die es gelegentlich gibt, wollen wir zusammenstehen! In der Demokratie muss gestritten werden, notfalls auch laut, aber es geht nicht ohne den Willen zur Verständigung und nicht ohne Respekt vor anderen und den Institutionen der Demokratie. (...) Demokratie lebt nicht allein aus sich heraus, aus der Verfassung und aus geschriebenem Recht. Demokratie braucht Haltung und Engagement. Demokratie verlangt Respekt und die Bereitschaft zum Kompromiss«?

Frank-Walter Steinmeier sorgt sich um den sozialen Umgangston in Deutschland. Das ist sein Amt. Er will die demokratischen Verkehrsformen stärken. Das ist seine Aufgabe. Respekt ist aber kein »Wert«. Er ist der Empfangsstempel für eine Überzeugung oder eine Tat, die Achtung verdient. Respektlosigkeit verdient Tadel, aber Respekt darf nicht mit der Gießkanne verteilt werden über der Republik und allen, die da leben. »Respekt vor anderen« muss nicht Respekt vor allen meinen, das fehlende bestimmte Fürwort lässt die Lücke zur qualifizierenden Bedingung offen. Steinmeiers Redenschreiber scheint auch zu wissen, dass sich der Duden noch immer weigert, den Respekt *für* jemanden oder *für* etwas grammatikalisch anzuerkennen und nur den Respekt *vor* jemandem kennt. Demokratie verlangt dennoch nicht Respekt, sondern die grundlegende Bereitschaft zum Respekt. Wer prinzipiell respektlos ist und dies obendrein mit der Forderung nach Respekt verbindet, schadet der Demokratie und verdient keinen Respekt.

In einem Clip der Bundeszentrale für politische Bildung vom Juli 2012 mag man sich zu solchen Differenzierungen nicht aufraffen. Da Respekt auch in der Jugendsprache verwendet wird – »Respekt von deinen Freunden bekommst du, wenn du gut drauf bist, weißt, was abgeht und cool ist oder du gut tanzen oder singen kannst« –, verheddern sich die Macher zwischen humoriger Heranwanzerei und onkelhafter Pädagogik – »wenn du von anderen Respekt haben willst, musst du respektvoll mit ihnen umgehen« –, deuten das Allgemeine Gleichbehandlungsgesetz von 2006 als Schutz vor »Respektlosigkeiten« gegenüber Minderheiten und gelangen zur Aussage: »Sogar der erste Artikel des Grundgesetzes besagt, dass die Würde des Menschen unantastbar ist. Jeder hat ein Recht auf Respekt, immer und überall.«

Nein, werte Bundeszentrale. Das stimmt nicht. Würde und Respekt sind keineswegs identisch. Die Würde steht jedem Menschen zu, egal was er tut, einfach weil er ist. Sie kann ihm unter keinen Umständen genommen werden, in keiner Situation, durch keine Maßnahme. Wer der Gattung des Homo Sapiens angehört, wird mit Würde geboren und stirbt mit ihr. Immer und überall. Die Würde zeichnet den Menschen vor allen anderen Lebewesen aus. Sie ist die Bedingung für Respekt, geht ihm voraus. Respekt kann man verspielen durch schlimme Tat und böse Absicht, Würde nicht. Der respektlose Rüpel hat an derselben Würde Anteil wie jener Mensch, der ihm deshalb zu Recht keinen Respekt erweist. Der Respektvolle und der Respektlose sind Träger der Menschenwürde. Respekt gebührt nur einem von beiden.

Kein Weg führt daran vorbei: Wer in einer respektvollen Gesellschaft leben will, muss Respektlosigkeiten ächten. Zu vieles verdient keinen Respekt.

KAPITEL 5

»Religion ist Privatsache«

Eine Phrase ist keine Lüge. Zur Phrase wird ein Spruch, wenn er einen wahren Teilaspekt ausspricht und diesen zur ganzen Wahrheit erklärt. Darum kommt die Phrase so bezwingend selbstverständlich daher. Dem Widerspruch nimmt sie die Kraft, weil sie die unmittelbare Einsichtigkeit für sich hat. Sie ist gepanzert mit dem gesunden Menschenverstand und verbirgt so ihren angreifbaren Kern. Die Reaktion, die sie provoziert, ist ein tausendfach erprobtes Kopfnicken. Sie ist der Wackeldackel auf der Hutablage im Debattenwagen. Da sitzt sie und sagt immerzu: Ja, so ist es. So ist es wirklich. Es kann nicht anders sein. Und das ist dann doch eine Lüge.

Vorsicht ist geboten bei Sätzen, denen jeder zustimmen kann. Der stärkste Kandidat für einen gefahrlosen Sofortkonsens ist die Aussage, Religion sei Privatsache. Ja, natürlich, was denn sonst. Zu oft haben wir alle den Satz gehört, als dass wir uns die Mühe machten, die schlichte Frage zu stellen: Stimmt das denn? Was zeichnet eine Privatsache vor anderen Sachen aus, vor Staatsangelegenheiten und öffentlichen Affären etwa? Und wessen Religion in welchen Formen ist da eigentlich gemeint? Der Satz will, wie es sich für Phrasen gehört, keine argumentative Hintertür offen lassen. Hier soll jede Religion gemeint sein, ohne Ansehung des Bekenntnisses, und jede Form der Ausübung. Der Satz stellt fest, was »ist«, er fordert nicht, behauptet nicht, er will getreues Abbild der Wirklichkeit sein. Höher kann ein Anspruch kaum sein.

Der Privatpatient grenzt sich ab vom Gros der Kassenpatienten, weil ihm eine besondere Behandlung zuteilwird. Das Private meint Sonderung. Es ist nicht das Allgemeine, nicht das Öffentliche. In manchen Sprachen ist das Private gleichbedeutend mit dem Intimen. Wo es privat zugeht, da schaut keiner zu. Da werden die Vorhänge geschlossen, die Lichter gedimmt, die Kleider der Konventionen abgelegt. Als Privatmann gibt der Bürger sich so, wie er selbst sich begreift. Er repräsentiert nur sein eigenes Ich, keinen Arbeitgeber, keinen Staat. Der private ist der im Verborgenen geborgene unverbogene Mensch. Das Chambre privée lässt die Welt draußen.

Zur Welt hat besonders der ein zwiespältiges Verhältnis, der sie sub specie aeternitatis betrachtet. »Welt, ich muss dich lassen«, ist der religionsverbindende Refrain der Gläubigen. Sie strecken sich aus nach dem, was nicht zu sehen, nicht zu greifen ist – noch nicht, hofft der Gläubige. In allen Religionen gibt es eine mal größere, mal kleinere Gruppe asketisch gesonnener Spiritualitätsathleten, die die Tür zur Welt schon irdisch fest verschließen. Betrachtung und Gebet und also Vorbereitung ist ihr Tagewerk. Sie wollen nicht überrascht werden, wenn die andere Welt beginnt, das Jenseits, die Ewigkeit, das Nichts, Hereafter. Religion ist ihnen Hingabe, ist ganz und gar ihre Sache.

Im Fremdenzimmer, das der Gast auf Erden sich selbst bereitet, ist in der Tat Religion Privatsache, ist seine Religion seine Privatsache. Nach dinglichem Gepäck wird an der Pforte nicht gefragt. Jeden Tag leichter will der stationäre Pilger werden. Die Ausnahme markiert jedoch keine Regel. Privat ist jene Religion, die souverän im Privaten ausgeübt wird, hinter der sich freiwillig die Pforten zur Welt schließen. Verordnete Privatheit wäre ein weltanschauliches Gefängnis samt Wärterschar und Überwachungskamera. Jemand müsste peinlich darauf achten, dass der Gläubige beim Verlassen der vier Wände nicht als Gläubiger erkennbar wäre. Denn draußen ist es unmöglich, nur privat zu sein, lauert überall das soziale Netz der Rollen und der Repräsentationen, und Religion soll ja Privatsache sein.

Dass der Spruch sich unverändert großer Beliebtheit freut, verwundert nicht und ist doch prekär. Der Berliner SPD-Politiker Michael Müller schreibt, für ihn sei »die eigene religiöse Weltanschauung zunächst einmal Privatsache. Etwas, was man nicht verheimlichen, aber auch nicht vor sich hertragen muss.« Müller gehört der Evangelischen Kirche Berlin-Brandenburg-Schlesische Oberlausitz an, ist also Protestant. Bezeichnete er seinen Glauben – hier in der säkularistischen Umschreibung einer »religiösen Weltanschauung« – dezidiert nicht als Privatsache, geriete er in arge politische Rechtfertigungsnöte, zumal in der mehrheitlich atheistischen Bundeshauptstadt.

Sein niedersächsischer Parteifreund Stephan Weil flog zwar als Ministerpräsident nach Rom zu Papst Franziskus, will aber über die Bedeutung des Christentums für sein Leben keine Auskunft geben. »Das ist Privatsache«: Mehr war ihm nicht zu entlocken. Verbürgt ist, dass Weil vor langer Zeit aus der katholischen Kirche austrat. Im sogenannten »Kruzifix-Streit« wandte sich der Spitzenkandidat der bayerischen Grünen, Ludwig Hartmann, gegen die obligatorische Anbringung von Kreuzen in bayerischen Amtsstuben, wie sie Ministerpräsident Markus Söder von der CSU verfügt hatte, und erklärte während des Landtagswahlkampfs 2018, »Religion ist Privatsache«. Der FDP-Vorsitzende Christian Lindner pflichtete ihm da bei. In Lindners eigenen Worten: »Das Christentum ist nicht die deutsche Staatsreligion, sondern ein persönliches Bekenntnis der Bürger.« Gewiss ist das Persönliche nicht mit dem Privaten identisch, doch die Tendenz besagt, dass Religion nicht im Öffentlichen, sondern im abgezirkelt Subjektiven zu finden sei.

Die österreichische Initiative »Religion ist Privatsache« zieht daraus die politische Forderung, die »weitverbreitete Diskriminierung von konfessionsfreien Personen in Österreich« müsse beendet werden. Die Gegenwart sei »von einer (noch) christlich geprägten Gesellschaft, einem zunehmend politischen Islam und dazwischen einer ständig wachsenden säkularen Schicht gekennzeichnet; weitreichende gesellschaftliche Umbrüche und gar ein ›Kampf der Kulturen‹ scheinen für das 21. Jahrhundert vorprogrammiert zu sein.« Um ein solches Szenario zu verhindern, müsste der »starke und keineswegs zeitgemäße Einfluss der Religionen auf Politik und Verwaltung« gedämmt werden. Keineswegs jedoch spreche sich die Initiative »gegen einen etwaigen privaten Herrgottswinkel« aus, »denn Religion ist Privatsache.« Sie wolle lediglich die »Interessen konfessionsfreier Personen noch im Diesseits« wahren.

Alle diese Stimmen zehren vom laizistischen Erbe jener Spielart von Aufklärung, die sich im strikten Gegenüber zum Glauben und zur Kirche positionierte. Mit den Bastionen der Monarchen sollten in der Französischen Revolution die Festungen der katholischen Kirche fallen. Machtfragen wurden zu Glaubensfragen, in doppelter Bedeutung. Wer die bestehende Ordnung stürzen wollte, durfte deren religiösen Stützpfeiler nicht schonen – so schien es. Der entfesselte Kampf wider unbeugsame katholische Gläubige, wie er etwa in der Vendée wütete und allein dort über 100.000 Todesopfer forderte, zeigte freilich auch dem glühendsten Antimonarchisten, zu welchen Exzessen ein Kult der Vernunft fähig war. Eine weltanschauliche Rückfallposition war fortan die im Privaten, im Herrgottswinkel geduldete, in der Öffentlichkeit jedoch verpönte Religion.

Dass sich diese Trennung nicht durchhalten ließ, bleibt evident. Ist das Kreuz, das die Katholikin an einer Halskette trägt, wenn sie auf die Straße geht, schon ein öffentliches Bekenntnis oder ein privates Accessoire? Dürfen Kirchen erhalten bleiben im öffentlichen Raum, auf städtischem Grund, mit weithin sichtbaren Turmkreuzen, Heiligenfiguren, Glockengeläut? Religion kann nicht auf eine Privatsache reduziert werden. Zumindest solange nicht, wie der Mensch sich nicht sortenrein spalten lässt in einen Privatier und einen Citoyen, einen Gläubigen und einen Staatsbürger. Umso mehr gilt diese Unmöglichkeit angesichts eines wachsenden Islam, der traditionell unempfindlich ist für solche weltanschaulichen Entkoppelungsvorgänge. Und der paradoxerweise von politischen Kräften gefördert wird, die bei anderer Gelegenheit das Hohelied des Laizismus und der Religion als Privatsache singen. Romano Guardini befürchtete 1950, »wo die kommende Zeit sich gegen das Christentum stellt, wird sie damit ernst machen.«

Realistischer als die Reinheitsphantasmen der Privatreligiösen sind die Auslassungen von Angela Merkel und Udo Di Fabio. Bei zwei Anlässen im Reformationsjubiläumsjahr 2017, situativ gebunden vor christlichem Publikum, bekräftigte die Kanzlerin, »wir wollen Religion nicht ins Private verdrängen« – so auf dem Evangelischen Kirchentag –, und »religiöse Bildung« sei eine Gemeinschaftsaufgabe für »Kirchen und Religionsgemeinschaften, Regierungen und Bildungseinrichtungen sowie Medien und Zivilgesellschaft«. Dieser Appell am 31. Oktober 2017, dem Jahrestag der 95 Thesen Martin Luthers, wäre sinnlos, fungierte die Gesellschaft als Türwächter religiöser Gebräuche. Dass im majestätischen »Wir« der vertraute Abgrund einer Staatsanmaßung steckt – wir könnten auch anders, wenn wir wollten –, sei an dieser Stelle gnädig übergangen.

Dieses Grenzenbewusstsein ist beim ehemaligen Bundesverfassungsrichter Udo Di Fabio breit ausgeprägt. Er erinnert in seinem Buch »Gewissen, Glaube, Religion: Wandelt sich die Religionsfreiheit?« (2008) an einen unausweichlichen Dogmenwechsel im Zuge der Aufklärung. Aus Religionsfeindschaft erwuchs über den Zwischenschritt der Duldung der Religion als einer Privatsache ein neuer öffentlicher Glaubensgrundsatz. Nun war es der Glaube an die ewige Perfektibilität des Menschengeschlechts, der Glaube an unaufhörlichen Fortschritt, wider den zu verstoßen eine Ketzerei wurde. Wenn nicht gar eine antirationale Blasphemie. Nur privat und folgenlos sollte dieses neue Dogma bezweifelt werden dürfen. Auch hier kam es dann ganz anders im 19. und erst recht im 20. Jahrhundert, die der Volksreligiosität und der Esoterik die Tore weit öffneten.

Somit gehört zu den wahren Bestandteilen dieser Phrase eine Erkenntnis, deren Brisanz noch längst nicht ausgeschöpft ist: Religion ist keine Privatsache, sie darf aber nie zur Staatssache werden. Sonst gehen alle drei zugrunde.

KAPITEL 6

»Europas Werte ertrinken im Mittelmeer«

Sie sind die Vorboten einer neuen Zeit, wagemutig, tapfer, mobil. Sie brechen auf, lassen Vertrautes zurück, nehmen Risiken auf sich, weil sie Besseres im Sinn und Europa vor sich haben. Sie, die Neuankömmlinge aus Afrika, beschenken das alternde Europa mit ihrer Jugend, ihrer Neugier, ihren Träumen. Der SPD-Politiker Martin Schulz sprach im Juni 2016 so: »Die Flüchtlinge machen uns stärker, indem sie uns helfen, uns selbst zu reflektieren. Sie helfen uns, unser Narrativ wieder lauter zu hören. Was die Flüchtlinge mit zu uns bringen, ist wertvoller als Gold. Es ist etwas, was wir in den letzten Jahren wohl irgendwo auf dem Weg verloren haben: Es ist die Überzeugung, ja der unbeirrbare Glaube an den Traum von Europa.« Schulz, den Denk- und Sprachstil Merkels wie auch dessen metaphysische Spitze aufnehmend, Europa als Objekt der Verheißung und heilshistorische Prämie zugleich präsentierend: »Aus unserer Geschichte und aus den Fehlern der jungen Vergangenheit leitet sich für mich ganz klar ein moralischer Imperativ ab: Europa muss ein Europa der Menschlichkeit sein.«

Der humanitäre Imperativ fordert demnach freie Fahrt auf den alten Kontinent für alle »Hilfesuchenden«. Nicht geklärt ist indes die Frage, ob »unsere Geschichte« mitsamt ihren »Fehlern« die deutsche Geschichte meint oder die gesamteuropäische. Und falls nicht europäische Fehler gemeint sind, sondern nur deutsche – weshalb sollte Europa dann tun müssen, was sich aus deutscher Geschichte ergibt? Wo bleiben die Forderungen der portugiesischen, der dänischen, der ungarischen Geschichte an Europa? Was muss da sein? Ist nur deutsche Geschichte auftragsberechtigt?

Die Lesart von den wagemutigen Glückssuchern ist die eine Perspektive. Eine andere sieht die Migranten, Asylbewerber, Flüchtlinge als Opfer. Als individuelle Opfer von Krieg und Gewalt – was einige tatsächlich sind – oder als Opfer sogenannter struktureller Gewalt, gehemmt durch korrupte Regime, durch ein menschenunfreundliches Klima, durch Handelshemmnisse und überkommene Gesellschaftsbilder. »Migranten sind Opfer weltweit ungleicher Verhältnisse« (Hannes Hofbauer). Als Opfer haben sie durch ihren Status Anspruch auf dieselbe Hilfe wie als Entrepreneure des eigenen Schicksals, denn Europa sei eine Wertegemeinschaft, beruhe auf Solidarität, Gerechtigkeit, Gleichheit. Europa sei durch ein Wohlstands- wie Wertegefälle verantwortlich für die Migrationsbewegungen, und wo den Europasuchenden die Überfahrt misslingt, da sei Europa schuld. Europas Werte ertrinken im Mittelmeer, weil Europas Werte solchen Tod nicht zulassen dürften.

Eine dritte Lesart sei nicht verschwiegen: es ist die von den Invasoren. Traurig wiederkehrende Bilder aus den spanischen Exklaven Melilla und Ceuta, wo überwiegend Schwarzafrikaner mit Gewalt gegen Menschen und Dinge die EU-Außengrenze überrennen, sich danach triumphierend für das Smartphone in Positur werfen, geben dieser schlimmen Deutung Nahrung. Wird sich jemand, der ein Land mit einer Straftat betritt, je an dessen Gesetze halten? Werden Menschen, die sich erfolgreich nehmen, wonach sie begehren, je die Neigung zur Integration und also zur Abmilderung ihrer Ansprüche verspüren? Dass Migranten auch Gewalt im Gepäck haben können, wovon bedrückende Nachrichten aus Europas Metropolen und Kleinstädten erzählen, ist eine weitere Facette der großen Wanderungsgeschichte.

Auf nicht nur offene Ohren stoßen die Appelle etwa von Papst Franziskus, Migranten nicht im Stich zu lassen und keine »Mauer bequemer und stummer Mittäterschaft« zu errichten. Zum Weltfriedenstag 2018 empfahl Franziskus, mit einem »betrachtenden Blick« auf »die Migranten und Flüchtlinge zu schauen« und zu sehen, dass diese eine »wertvolle Prägung durch ihre Heimatkulturen« mit sich brächten und »ein hohes Maß an Mut und Tatkraft, an Fähigkeiten und Erwartungen«. Der Redenschreiber von Martin Schulz hätte es nicht besser ausdrücken können. Gibt es auch Blicke, die nicht blicken, Augen, die nichts betrachten? Der betrachtende Blick ist ein Pleonasmus. Und sind die Heimatkulturen, oft islamische, nicht gerade jene, die die Migranten verlassen aus Gründen? Wie segensreich sind da deren Prägungen? Und kann ein hohes Maß an Erwartungen nicht im Zielland zum Problem werden? Der Papst aus Argentinien gerät ins Schwafeln.

Leicht ist es, als Oberhaupt eines Zwergstaates, das von keinem Migranten angesteuert wird, zu fordern, »die Möglichkeiten zur legalen Einreise auszuweiten«. Leichter noch, eine »Dynamik gegenseitiger Bereicherung« anzumahnen, wenn faktisch Integration als Bringschuld der Aufnahmegesellschaft verstanden wird. Der jährliche »Welttag des Migranten und Flüchtlings« bietet Gelegenheit für manches päpstliche Mahnwort. Die Botschaft des Jahres 2018 fordert ebenfalls, »den Migranten und Flüchtlingen breitere

Möglichkeiten für eine sichere und legale Einreise in die Zielländer anzubieten.« Was wäre Zielland, wenn Migranten Europa betreten und entgegen den Dublin-Bestimmungen durch die EU reisen? Europa, die Bundesrepublik, Schweden? Ist Zielland jedes Land der Wahl, und jedes Land hat laut Franziskus eine solche Wunscheinreise zu ermöglichen? Wo blieben die auf das Gemeinwesen bezogenen Wünsche der Zielbevölkerung? Diese sind offenbar nachgeordnet. Franziskus will außerdem den »Zugang zur nationalen Gesundheitsversorgung und den Rentensystemen« für alle Migranten verwirklicht sehen.

In der Botschaft zum Welttag 2017 wird überraschenderweise das »Recht der Staaten, die Migrationsströme unter Kontrolle zu halten und das nationale Gemeinwohl zu schützen«, betont. Im Jahr zuvor taucht das drastische Bild der Mittäterschaft schon auf und schwingt sich zum Verdikt empor: »Die Gleichgültigkeit und das Schweigen führen zur Mittäterschaft, wenn wir als Zuschauer Zeugen des Todes durch Erstickung, Entbehrung, Gewalt und Schiffbrüchen werden.« Die Basis der Verurteilung ist dünn. Gewiss soll und muss helfen, wer unmittelbar Zeuge wird von solchen schlimmen Situationen und Vorgängen. Doch wer ist das schon? Ist die Rentnerin am Fernseher Zeugin und Mittäterin, wenn sie die Nachrichten eines Schiffbruchs im Mittelmeer sieht? Soll sie un-gleichgültig aufschreien vor dem Fernseher? Was änderte sich dadurch? Hier mit der theologisch für das Christentum zentralen Kategorie des Zeugen zu arbeiten – »Meine Zeugen sollt ihr sein«, lautete der Auftrag Jesu an die Apostel –, zeugt von einer rhetorischen Ausbeutungsbereitschaft, die man bei einem Pontifex nicht vermutete.

Die dramatische Phrase besiegt den Sachverstand und führt zum logischen Koppelungsbruch. »Tatsächlich«, schreibt Bergoglio, »ist jeder von uns verantwortlich für seinen Nachbarn. Wir sind Hüter unserer Brüder und Schwestern, wo immer sie leben.« Kein Mensch könnte diesem Programm sich fügen, ohne irr zu werden. Die Verantwortung für jeden Nachbarn ließe keinen Raum für das eigene Leben, keine Luft zum Atmen, zumal, wenn die Nachbarschaft auf den Globus ausgedehnt werden soll. Der Mexikaner ist verantwortlich für den Inuk am Polarkreis? Die Neuseeländerin muss bei der Marokkanerin nach dem Rechten sehen? Nachbarschaftliche Nähe und universale Weite schließen sich, wenn sie nicht symbolisch verstanden werden, aus. Man wüsste gerne, inwieweit Bergoglio Osama Bin Laden gehütet hat, für den er demnach verantwortlich war. Dass der Begriff der Brüder und Schwestern neutestamentlich für Christen reserviert ist, wird von Franziskus negiert.

Theologisch bemerkenswert ist auch die 2014 zum »Welttag des Migranten und Flüchtlings« dokumentierte pontifikale Bereitschaft, in der Migration den Hebel zu sehen für eine »neue Menschheit«, für eine »gerechtere Gesellschaft«, eine »vollkommenere« Demokratie, ein »solidarischeres Land«, eine »brüderlichere Welt«. Umstürzendes Pathos ist aus den Verlautbarungen der Vereinten Nationen und des grünen Spitzenpersonals vertraut, das ebenso auf eine neuerliche »friedliche Revolution« (Katrin Göring-Eckardt, siehe Kapitel 7) hofft wie der Antipode von der AfD, Alexander Gauland. Das Oberhaupt der katholischen Kirche ist in der Rolle des globalistischen Säkularrevolutionärs jedoch eine Neubesetzung.

Die Toten im Mittelmeer, heißt es, seien Europas Schande. Doch sind sie nicht ebenso sehr Afrikas Schande? Was sagt es aus über einen Kontinent und dessen Regierungen, wenn unablässig und in steigender Zahl erwerbsfähige Bewohner ihn verlassen, weil sie es nicht mehr aushalten oder schlicht andernorts ein besseres Leben erwarten? Jeder Mensch, der lieber ein Schlauchboot für eine ungewisse, aber teure Passage besteigt, als sich in seiner Heimat eine Zukunft aufzubauen, ist ein Misstrauensvotum gegen Afrikas Herrscher. Selbst wenn man die Menge der Migranten um jene verringert, die aus Sorge um Leib und Leben fliehen müssen, bleibt ein derart gewaltiger Aderlass übrig, dass man sehr zynisch sein muss, um das Ausbluten Afrikas als bloße Nebenfolge der Globalisierung verbuchen zu können.

Schon Ende 2007 sprach der mittlerweile verstorbene Rupert Neudeck, Mitgründer der Hilfsorganisationen »Cap Anamur« und »Grünhelme e.V.«, im »Deutschlandfunk« einen Satz aus, der quer stand zur allgemeinen Redeweise und darum auf ein geringes Echo stieß: »Wir sind nicht Schuld an dem Elend Afrikas. Das sind zunächst einmal die Regierungen, und wir müssen diese Regierungen wirklich am Portepee packen, damit sie endlich damit anfangen, für ihre Bevölkerungen das zu leisten, wozu Regierungen verpflichtet sind.« Neudeck blieb ein Rufer in der Wüste. Die sogenannte Entwicklungshilfe des Westens strömt weiterhin in Systeme der Macht und des Machtmissbrauchs und ist nur in Ausnahmefällen, was sie sein will: Hilfe zur Selbsthilfe. Dass Afrika ein Kontinent der Hoffnung sei, glauben immer weniger Afrikaner. Der Paternalismus stabilisiert Unselbständigkeit, Miss- und Mangelwirtschaft.

Kraftvollen Widerspruch gegen solche Mittelverwendung im Namen des Guten melden nur verstreute Eigensinnige an, die damit das Risiko eingehen, böse gebrandmarkt zu werden, etwa der Wirtschaftspublizist René Zeyer in seinem skandalös betitelten Buch »Armut ist Diebstahl« von 2013: »Allein seit 1970 sind rund 300 Milliarden US-Dollar Hilfe nach Afrika geflossen und haben offensichtlich nichts bewirkt. (…) Je höher die Entwicklungshilfe, umso niedriger das Wirtschaftswachstum.« Zeyer beruft sich auf Dambisa Moyo, »eine Schwarzafrikanerin aus Sambia, die in Oxford und Harvard studierte und unter anderem einen Doktortitel in Volkswirtschaftslehre besitzt«, und fordert ebenso wie die Autorin des Bestsellers »Dead Aid« (2009) ein Ende der bisherigen Entwicklungshilfe. »Es gibt«, schreibt Zeyer, »Legionen von Berichten, die das Scheitern jeder Art von Entwicklungshilfe belegen, im Großen wie im Kleinen.« Nimmt man die Diagnose ernst, lässt sich eher der Satz vertreten, im Mittelmeer ertrinke unsere Entwicklungshilfe.

Deren Ende befürwortet auch Stephen Smith, amerikanischer Historiker, Journalist und Afrikanist, Autor von »Nach Europa! Das junge Afrika auf dem Weg zum alten Kontinent« (2018). Smith verweist auf eine Umfrage des Meinungsforschungsinstituts Gallup, wonach 42 Prozent der Afrikaner im Alter zwischen 15 und 25 Jahren auswandern wollen. Wenn das bevölkerungsreichste Land Afrikas, Nigeria mit derzeit rund 190 Millionen Einwohnern, schlecht regiert wird, »dann ist das in erster Linie die Verantwortung der Nigerianer – und nicht unsere. Wir müssen damit aufhören, die Afrikaner ständig als Opfer zu sehen und ihnen endlich auf Augenhöhe begegnen.« Auch er sei traurig über jeden

Toten, der die Fahrt über das Mittelmeer nicht überlebt, »aber schuldig daran fühle ich mich nicht. Die Migranten kalkulieren das Risiko und entscheiden dann, in ein Schlepperboot zu steigen.«

Im Kalkül, an das Smith erinnert, steckt der freie Wille. Ohne freien Willen ließen sich Optionen nicht vergleichen, ließe sich nicht kalkulieren. Der freie Wille wird zu Beginn des 21. Jahrhunderts in vielen Bereichen massiv angezweifelt. Ist dem anderen der freie Wille erst einmal abgesprochen, werden aus Individuen Betroffene oder Opfer, denen expandierende Betroffenheitsnetzwerke und Opferorganisationen ihre Dienste anbieten können, politisch ebenso wie vorpolitisch, durch Vereine, Politiker, Kirchen, Verbände. René Zeyer spricht von einer »Erregungsbewirtschaftung«. Der linke Wiener Publizist Hannes Hofbauer wendet sich in seiner »Kritik der Migration« von 2018 gegen die »Flüchtlingshilfe« als eine »eigene Branche, die Zigtausenden jungen Menschen, die meisten mit universitärem Bachelor-Abschluss, den Weg in die Berufslaufsbahn öffnet.«

Kalkül oder Lotto? Im Juli des Jahres 2018 stellte sich die Lage so dar: Knapp 60.000 Migranten waren bis zu diesem Zeitpunkt aus Afrika nach Europa gelangt, »1.413 sind gestorben oder gelten als vermisst. Das ist einer von 41, die es versucht haben. Die Chance ist also da.« Sagt Florence Kim von der Internationalen Organisation für Migration (IOM) im Senegal. Zumal die Aufbrechenden oft das irrige »Bild von Europa als einem goldenen Kontinent« vor Augen haben. Ihr seien »immer wieder Migranten begegnet, die sich gar nicht vorstellen konnten, dass es in Europa Hunger gibt. Geschweige denn, dass Menschen auf der Straße leben.« Wenn solche Fehlurteile praktische Folgen haben, sind auch diese Ausdruck eines freien Willens – abzüglich, wie gesagt, der Kriegsflüchtlinge, die keine Wahl haben. Rund 80 Prozent der Migranten jedoch »kommen aus Ländern, wo es Hoffnung gibt – Elfenbeinküste, Senegal, Nigeria, Ghana oder Kenia –, und gehören dort zum Mittelstand. Die Mehrheit der Wirtschaftsmigranten sind dynamische Leute«. Sagt wiederum Stephen Smith.

Vom ehemaligen senegalesischen Präsidenten Abdoulaye Wade ist eine bezeichnende Episode überliefert, aufgezeichnet von dem Schweizer Ethnologen David Signer. Demnach empfing Wade »im Frühjahr 2006 eine Gruppe von 500 Senegalesen, die von Spanien zurückgeschafft worden waren nach gescheiterter Fahrt (…) Richtung Kanarische Inseln. ›Ich möchte euch nicht zurückhalten‹, verkündete Wade, ›im Gegenteil. Emigranten schicken Geld aus dem Ausland, von dem ihre Familien und sie selbst profitieren.‹ Dass es die Arbeitslosigkeit, die Korruption, die Misswirtschaft und die schlechte Regierungsführung waren, die die Jungen auf ihre selbstmörderische Fahrt zwangen, scheint sein Gewissen nicht belastet zu haben.« Signer folgert, Migration sei »für Politiker eine leichte Art, Arbeitslosigkeit zu exportieren«. Für Politiker notabene, die der Braindrain nicht kümmert, solange ihre eigenen und die Staatsfinanzen einigermaßen in Ordnung bleiben.

Verantwortungslos und unvernünftig ist diese Sicht, denn Geldtransfers in die Heimat hemmen das dortige Wirtschaftswachstum. »Wieso«, fragt René Zeyer, »soll sich ein Empfänger solcher Überweisungen der Mühsal einer Geschäftsgründung, dem Hürdenlauf der Erlangung aller notwendigen Papiere unterziehen?« Ende Juni 2018 gab die Bundesregierung bekannt, dass die

Geldüberweisungen von Migranten und Flüchtlingen an ihre Angehörigen erheblich anstiegen. Im Jahr 2016 seien über 20 Milliarden Dollar aus Deutschland zurück in die Herkunftsländer geflossen, mehr als sechs Milliarden mehr als 2007.

Im Senegal herrscht kein Krieg. Die weltweit meisten Flüchtlinge, rund zwei Drittel laut UNHCR, kommen aus Syrien, Afghanistan, Südsudan, Myanmar und Somalia. Im Senegal gibt es Armut, und »zentrale Fluchtursache ist Armut, die aus der Kluft zwischen wirtschaftlicher Stagnation und demografischem Wachstum resultiert. Im Senegal herrscht nach afrikanischen Maßstäben eine Demokratie, und niemand wird verfolgt. Dennoch wollen Hunderttausende der rund 15 Millionen Menschen umfassenden Bevölkerung (2000 waren es noch neun Millionen) lieber in Europa leben. Die demografische Explosion ist kein Mythos, sondern eine Gefahr für Europa.« Befürchtet Bassam Tibi, der darum seinen Blick nach Nigeria wendet. Dort leben heute bekanntlich rund 190 Millionen Menschen, »Demografen sagen für das Jahr 2050 einen Anstieg bis auf 400 Millionen Nigerianer voraus. Was tun? Millionen Afrikaner als illegale Zuwanderer aufnehmen? (...) Zwar benötigt Europa beruflich qualifizierte Migranten, aber sicher keine Armutsflüchtlinge, unter denen sich sogar viele Analphabeten befinden.« Tibi unterscheidet zwischen »irregulärer Migration«, die er Zuwanderung nennt, und regulierter Einwanderung aus humanitären oder utilitaristischen Gründen.

Ein theoretisches Ja auf Tibis Frage, ob Millionen Afrikaner von Europäern aufzunehmen seien, folgt aus einem besonderen Aspekt des europäischen Werteverständnisses. Europa habe in der Kolonialzeit große

Schuld auf sich geladen. Diese gelte es abzutragen in Form von Entwicklungshilfe oder großzügiger Migrationspolitik. Kriege, Ausbeutung, Sklavenhandel, willkürliche Grenzziehungen: Lang sei das Sündenregister des Westens, Europas besonders. Es müsse sich seiner historischen Verantwortung stellen. Doch Afrika wurde vor 60 Jahren unabhängig. Könnte es mittlerweile auf eigenen Beinen stehen?

Drei Autoren der Wochenzeitung »Die Zeit« stellten die zentralen rhetorischen Fragen zur Debatte um den postkolonialen Ablasshandel: »Wer die heutigen Flucht- und Migrationsströme mit der Kolonialgeschichte erklären will, muss alle regionalen und historischen Unterschiede ignorieren. Man muss den Begriff des Kolonialismus dann so weit fassen, dass er sich seiner konkreten historischen Situation entzieht. (...) Dass es in Eritrea statt eines Parlaments eine Befehlsclique gibt, die Planwirtschaft betreibt, und dass Gerichtsurteile dort nicht veröffentlicht werden – was hat Europa damit zu tun? Dass korrupte Eliten in den vergangenen Jahrzehnten Geld in ungefähr derselben Größenordnung aus Afrika herausschafften, wie an Entwicklungshilfe hineinfloss – was hat Europa damit zu tun? Dass in Liberia, dem Land, das von befreiten amerikanischen Sklaven gegründet wurde, bis in die 1960er Jahre hinein ein großer Teil der Menschen unter sklavereiähnlichen Verhältnissen arbeitete, dass Niger als erstes westafrikanisches Land überhaupt die Sklaverei erst im Jahr 2003 unter Strafe stellte – was hat Europa damit zu tun?« Wenig, wird man da dreimal sagen müssen, sehr wenig hat Europa damit zu tun.

Daraus folgt nicht das Recht, Menschen ertrinken zu lassen. Ganz gewiss nicht. Zu den europäischen Werten zählt, wie es die evangelische Hamburger Bischöfin Kirsten Fehrs ausdrückte, die Rettung von Schiffsbrüchigen als »Grundgebot der christlichen Seefahrt«. Die daran anschließende politische Forderung ist aber nicht mehr von diesem Gebot gedeckt. Fehrs plädiert bei einer Demonstration des Aktionsbündnisses »Seebrücke« in Hamburg unter dem Motto »Baut Brücken, keine Mauern« für »sichere und legale Fluchtwege nach Europa« und die »Aufnahme von Migranten« aus europäischer Verantwortung.

Nicht jede Passage auf dem Seeweg ist aber eine Flucht – es sei denn, man rechnet den Wunsch nach wirtschaftlicher Prosperität und sozialer Absicherung zu den Fluchtgründen; »50 Prozent der Summen, die weltweit für Sozialversicherungen ausgegeben werden, werden in Europa ausgegeben, wo nur sieben Prozent der Weltbevölkerung leben« (Stephen Smith). Solche Passagen wiederum begründen kein Recht auf Einwanderung und keinen Anspruch auf Unterstützung durch das von der aufnehmenden Bevölkerung erwirtschaftete Staatsvermögen. Und drittens wird historische Verantwortung überdehnt, wenn sie dauerhafte Ansiedlungsrechte verbürgen soll.

Der katholische ghanaische Kardinal Peter Turkson warnt vor dem Ausbluten seines Heimatkontinents, wenn die Jugend ihn in Scharen verlässt. Turkson befürchtet durch die »Politik der offenen Türen« auch einen neuen Chauvinismus in Europa: »Wo es mehr Gäste als Kinder gibt, kommt es immer zu starken Spannungen. (...) Wenn die Geburten zurückgehen, wird die einheimische Bevölkerung von Einwanderern in Sorge versetzt. Die Nationalismen entstehen gerade wegen der Sorge der einheimischen Bevölkerung eines Landes, durch die Einwanderung einer neuen Bevölkerung geschluckt zu werden.«

Welche Werte ertrinken also im Mittelmeer? Zunächst einmal ertrinken dort Menschen, keine Werte, ertrinken Personen, deren Tod traurig stimmt und grübeln macht. Er wäre zu verhindern gewesen. Die Schuld freilich trifft nicht Europa. Jeder Mensch trägt die Verantwortung für die Folgen seines Tuns. Die Schlepper sind ebenso verantwortlich wie deren migrierende Kunden, ebenso die Potentaten, denen das Leben ihrer Bürger gleichgültig ist, und eine überbordende Willkommensrhetorik, die den Eindruck vermittelt, es gäbe ein Recht auf dauerhafte Niederlassung in Europa samt Anschluss an die europäischen Sozialsysteme für alle Menschen dieser Erde. Dieses Recht gibt es nicht, kann es nicht geben. Es führte zum Ende Europas und damit all seiner Werte – in deren Namen man diesen Kampf zu fechten meint. Was der Bonner Völkerrechtler Matthias Herdegen über Deutschland sagt, gilt für den Kontinent: »Ein Staat, der den Anspruch aufgibt, seine Grenzen zu schützen, gefährdet seine Autorität auch nach innen.« Der Satz gilt trotz manch träumerischer Formulierung im »Globalen Pakt für eine sichere, geordnete und reguläre Migration«, mit dem die Vereinten Nationen die »positiven Auswirkungen von Migration« in ein Räderwerk globaler Verpflichtungen spannen wollen: »Wir werden (…) geeignete Strukturen und Mechanismen für ein effektives integriertes Grenzmanagement schaffen und zu diesem Zweck für umfassende und effiziente Grenzübertrittsverfahren sorgen.«

Auf der Basis individuellen Mitleids kann ein Staat keine Politik treiben. Wo das Sentiment zur Doktrin wird, kollabiert erst die Vernunft und dann der Haushalt. Das eigene Empfinden ist authentisch, wenn es nicht andere an den nachgelagerten Kosten beteiligt. Die Seebrücke, die mit fremder Leute Geld errichtet werden soll, die Aufnahme, die Nachbars Überschüsse finanzieren sollen, das Bleiberecht, für das die arbeitende Gesellschaft noch etwas mehr arbeiten soll, vermessen ein normatives Notstandsgebiet jenseits aller Politik, in dem nur das Recht des Gefühligeren gilt. Mit der bitteren Konsequenz, dass jedes Argument, wie klug auch immer, als Anschlag auf den sozialen Wärmepol betrachtet und sanktioniert wird und die Gesellschaft so dem Kältetod entgegengeht. Aus Kritik wird ein Menschheitsvergehen. Das werden sich die Menschen nicht gefallen lassen.

Sollen wir allem Mitleid entraten? Nein. Friedrich Nietzsche wusste, »›Mitleiden mit Allen‹ – wäre Härte und Tyrannei mit dir, mein Herr Nachbar!« Heute, da von nationaler Kostenstelle aus das gute Gefühl der Allverantwortung ins Planetarische geweitet werden soll, begreifen wir schärfer den Zusammenhang von Moral und Geographie. Moralisches Verhalten braucht den begrenzten Raum, will es nicht in Unmoral kippen. Unmoralisch wäre die permanente Überforderung des Einzelnen ebenso wie die finanzielle Anspannung aller, um das universale Moralregiment durchzusetzen. Insofern gehört zu den europäischen Werten zentral die Trias aus Klugheit, Verhältnismäßigkeit und Allgemeinwohl. Sie sind die Leitplanken des abendländischen Projekts.

KAPITEL 7

»Willkommenskultur ist der beste Schutz vor Terror«

Das Herz, der Mut, die Glut. Die Nacht, der Mond, das Feuer. Das Pferd, der Geist, die Zärtlichkeit. Und was der Zutaten mehr sind, wenn ein junger Mann, knapp über 20 Jahre alt, in Liebe entbrannt. Ihm wird das Leben zur bittersüßen Abfolge aus »Willkommen und Abschied«, selbst wenn Johann Wolfgang von Goethe das gleichnamige Gedicht von 1771 mit den eingangs zitierten starken Substantiven im Jubelton ausklingen lässt: »Und doch, welch Glück, geliebt zu werden, / Und lieben, Götter, welch ein Glück!« Wer mag widersprechen?

Armin Laschet von der CDU, damals Integrationsminister in Nordrhein-Westfalen, hatte vermutlich nicht Goethe im Sinn, als er im Februar 2009 seinen Wunsch artikulierte, »dass wir eine Willkommenskultur ausstrahlen, wie wir das vor 30 Jahren mal bei den vietnamesischen Flüchtlingen hatten.« Willkommenskultur war eine dem Wir abzufordernde Leistung, hier konkret bezogen auf irakische Christen. Was rund sechs Jahre später die herausfordernde Aufnahme sehr vieler Menschen aus dem islamischen Kulturkreis meinen sollte, erscheint in Laschets Rede als innerchristliches Proprium: Willkommenskultur ist ein Appell, bedrängten Brüdern und Schwestern zu helfen, denn »die Christen sind besonders Opfer der Verfolgung im Irak. Deshalb gilt die Priorität der Bundesrepublik Deutschland, den Christen, die im Irak verfolgt werden, zu helfen – zum einen, weil sie die größte Opfergruppe sind, und zum anderen, weil sie am leichtesten integrierbar sind bei uns, sie kommen zu Familienangehörigen, sie kommen in chaldäische Gemeinden.« Dagegen gab und gibt es wenig einzuwenden.

Jedem Willkommen geht ein Abschied voraus. »Am Anfang ist immer der Abschied.« (Botho Strauß) Alle Abschiede beginnen im Willkommen. Das Willkommen freilich soll in der Willkommenskultur auf Dauer gestellt sein. Kann das funktionieren? Kultur ist ein nachhaltiges Phänomen. Sie braucht Zeit, bedarf der langen Dauer. Das Entstehen von Jahresringen am Baum lässt sich ebenso wenig beschleunigen wie die Heimischwerdung von Zugewanderten. »In der Vergangenheit«, gibt der israelische Historiker Yuval Noah Hariri in seinen »21 Lektionen für das 21. Jahrhundert« zu bedenken, »brauchten Zivilisationen, die Fremde aufnahmen und sie zu gleichberechtigten Bürgern machten – wie etwa das römische Kaiserreich, das muslimische Kalifat, die chinesischen Großreiche und die Vereinigten Staaten –, Jahrhunderte und nicht Jahrzehnte, um diese Veränderung zu erreichen.«

»Willkommenskultur« ist ein Begriffsungetüm. Es zwingt zusammen, was kategorial auseinanderstrebt, das Punktuelle und das Dauernde, den Moment und die Generationenfolge. Diese Disparatheit ist den »Neuen deutschen Medienmachern« nicht entgangen. In ihrem Glossar mit »Formulierungshilfen für die Berichterstattung im Einwanderungsland« (Stand 1. September 2017) halten sie auf Seite 18 fest, der »Medienwissenschaftler Alexander Kissler« habe darauf verwiesen, »dass sich das Wort ›Willkommen‹ nur auf den kurzen Vorgang des Kommens beziehe, also keinen sich verstetigenden Zustand bezeichnen könne«. In der Kolumne

»Kisslers Konter« vom 8. September 2015 hieß es bei cicero.de, es »mögen noch so viele Menschen in diesen Tagen an Bahngleisen stehen und Schildchen mit ›Welcome!‹ den Asylsuchenden, den Migranten und den Flüchtlingen fast hysterisch entgegenrecken. Individuell ist es hochsympathisch, kollektiv ist es albern. Am Bahnsteig hat die Geste ihr Recht, bei den ersten Schritten auf fremdem Boden, wohin sich die Einreisewilligen aus sehr disparaten Gründen und auf teillegalen Wegen aufmachten. Willkommen, daran erinnert das Grammatisch-kritische Wörterbuch von Adelung, willkommen meint ›bei der Ankunft angenehm‹, ›angenehm in Ansehung der Ankunft‹. Nur stationär lässt sich der Ausdruck sinnvoll verwenden, nur im Moment. ›Willkommen!‹ ist Ausdruck eines Auftakts und unmöglich ins Rasterbett einer Kultur zu zwingen.«

Anlass der Kolumne war der damals frisch installierte und längst vergessene Slogan der SPD, »Deutschland heißt Willkommen«. Großgeschrieben wird das Willkommen, weil so auch die Deutung zulässig ist, Willkommen sei ein Name Deutschlands – dahinter steht eine ähnliche Denkweise wie beim »Unsere Identität heißt Vielfalt«-Motto, das als Plakat vor dem Deutschen Hygiene-Museum Dresden zu lesen war: Die Handlungsnorm eines politischen Segments wird programmatisch auf die Ganzheit übertragen und so für unhintergehbar, für sakrosankt erklärt. »Wer nicht hüpft, der ist ein Nazi«, skandierte, ungleich gröber, aber mit vergleichbarem Absolutheitsanspruch, eine Musikgruppe beim Chemnitzer Gratiskonzert »gegen rechts« am 3. September 2018.

Auf der SPD-Homepage ist ein »Faktencheck Flüchtlinge« auf dem Stand von August 2015 nachzulesen, der teilweise von der Realität falsifiziert worden ist. SPD-Fakt Nummer zwei behauptet, »Flüchtlinge sind nicht krimineller als Deutsche. Dort, wo die Kriminalität steigt, liegt das nicht an den Flüchtlingen! Sondern an den zunehmenden Übergriffen auf sie, auch an den Anschlägen und Brandstiftungen auf Flüchtlingsheime durch Rechtsradikale.« Fakt Nummer fünf fällt, wie wir heute wissen, ebenfalls eher in die Kategorie wishful thinking: »Viele Flüchtlinge, die bei uns Asyl beantragen, sind gut ausgebildet und zum Teil hoch qualifiziert.« Die App »Welcome Germany«, auf welche die SPD verweist, gibt es noch. Der Übersetzungsdienst »RefuChat« hat hingegen seinen Dienst eingestellt.

Das Begriffsungetüm machte trotz aller logischen Inkonsistenz rasch Karriere. Ohne »Willkommenskultur« war in den Jahren nach 2009 kaum eine Diskussion zu bestreiten. Man wollte praktisch oder wenigstens rhetorisch dabei sein, als Deutschland freundlich wurde. Man wollte für gut erkannt werden, indem man neuen Menschen Gutes tat. Ob es sich um Flüchtlinge, Asylbewerber oder Migranten handelte und wer für die Kosten der allgemeinen moralischen Erhebung aufkam, kümmerte kaum. Nationale Kraftanstrengungen darf auch in Demokratien niemand hinterfragen, der sich zur Nation zählen will. Klammheimlich kehrte, ohne dass es explizit ausgesprochen worden wäre, der Vaterlandsverräter zurück: als Saboteur an der Willkommenskultur.

Anfang Februar 2011 schaltete das »Bundesamt für Migration und Flüchtlinge« unter der Überschrift »Zeichen für eine Willkommenskultur stärken« seine neugestaltete mehrsprachige Webseite www.bamf.de frei. Die Rubrik »Willkommen in Deutschland« wurde besonders herausgestellt. Im Mai 2011 definiert das Bundesamt

Willkommenskultur »vor allem im Sinne der Attraktivität Deutschlands für hochqualifizierte Zuwanderer. Eine Willkommenskultur wird aber auch für bereits hier lebende Menschen mit Migrationshintergrund gefordert.« Wie bei den Aktivitäten der späteren Willkommens-SPD sollen Menschen willkommen geheißen, also freundlich begrüßt und substanziell unterstützt werden, die dem deutschen Arbeitsmarkt gut tun.

Der willkommene ist der qualifizierte Migrant – der freilich nach der Grenzöffnung von September 2015 mehr und mehr zur Ausnahme wird, wodurch das Willkommenskulturkonstrukt zu bersten droht. Der ungebildete Wirtschaftsmigrant: Hat er Anspruch auf dieselbe »Wertschätzung durch die Aufnahmegesellschaft«, wie sie das Bundesamt forciert? Wie sollen »eine ausgeprägte Anerkennungskultur und eine insgesamt offene Gesellschaft« mit dem nach langwierigen Verfahren nicht anerkannten Asylbewerber umgehen? Solche Fragen wurde vor 2015 selten diskutiert. Man wollte sich bereichert sehen und gerechtfertigt.

Im August 2012 deutete die damalige Bundesbildungsministerin Annette Schavan von der CDU wie zuvor das Bundesamt und wie auch SPD und Kanzlerin Willkommenskultur als wirtschaftliches Erfordernis: »In Zeiten einer schrumpfenden Bevölkerung gilt mehr denn je, dass wir Zuwanderung als Chance begreifen müssen und nicht als Bedrohung. (…) Wir alle müssen offen sein für den Dialog mit anderen Kulturen und Religionen.« Das doppelte Müssen ist bemerkenswert. Ein kategorischer Moralbefehl wird aufgestellt. Wer nicht mitzieht, ist kein Deutscher? Wer da zweifelt, soll sich schämen? Natürlich hängt es von der Qualität und dem Modus jeder Zuwanderung ab, ob sie die aufnehmende Gesellschaft bedroht oder bereichert; natürlich ist es nicht ausgemacht, ob die digitalisierte Arbeitswelt an schrumpfender Bevölkerung wirklich litte – laut einer Studie des Weltwirtschaftsforums von September 2018 sollen bis zum Jahr 2025 beachtliche 52 Prozent aller Arbeitsstunden weltweit Maschinen und Algorithmen erledigen; und natürlich kann es keine verordnete Pflicht zur interreligiösen Offenheit geben. Schön wäre diese, unbedingt, doch dazu braucht es immer mindestens zwei Seiten. Nur autoritäre Staaten können Weltanschauungen verordnen.

Im Januar 2013 verschärfte das Bundesamt auf einer Arbeitstagung den Ton: »Deutschland braucht wegen des demografischen Wandels zunehmend Fachkräfte aus dem Ausland. Eine gelebte Willkommenskultur bedeutet allerdings mehr als nur die Rekrutierung von Fachkräften. Damit sich Neuankömmlinge willkommen und bereits länger hier lebende Zuwanderinnen und Zuwanderer angenommen fühlen, gilt es eine grundsätzliche Offenheit und Toleranz gegenüber Menschen aus anderen Kulturkreisen zu entwickeln und zu pflegen.« Was es zu tun gilt, das muss getan werden. Schavans Imperativ machte Schule. Willkommenskultur wird Bürgerpflicht. Die »Menschen aus anderen Kulturkreisen« sind nicht nur grammatikalisch das Objekt. Ihnen soll Gutes widerfahren durch das deutsche Mehrheitssubjekt. Die rhetorisch eingeklagte »Offenheit auf allen Seiten« (Merkel im November 2010) wird zur einseitigen Rollenzuweisung. Abermillionenschwere Förderprogramme münden in eine paradoxe Intervention: Seid tolerant! Öffnet euch! Klagt nicht, beklagt euch nicht, macht freiwillig mit!

Im März 2014 beginnt das Bundesamt, die Ausländerbehörden bei ihrem Wandel zu »Willkommensbehörden«

zu unterstützen, unverändert vor dem »Hintergrund des demographischen Wandels und des wachsenden Fachkräftemangels«. Im September 2014 fordert die Sozialwissenschaftlerin und heutige Direktorin des Berliner Instituts für empirische Integrations- und Migrationsforschung, Naika Foroutan, die den Begriffswandel von der Willkommens- zur Anerkennungskultur vorantreiben will, »ein neues Narrativ« für die Bundesrepublik Deutschland. »So wie die USA und Kanada sich dieses Image einer ›Nation of Immigrants‹ gegeben haben, brauchen wir einen neuen Begriff, um unser Land zu beschreiben.« Brauchen wir? Und wie lautet der alte, der noch gültige Begriff? Und sind die USA in ihrem Selbstverständnis nicht mindestens ebenso sehr »one Nation under God«? Wäre auch ein solcher Imagetransfer denkbar? Deutschland neu erzählen als christliche Republik? Foroutan zufolge »muss Vielfalt ein Teil unserer Identität« werden. Das ist ein realistischeres Ziel als die im Kern illusionäre Behauptung, Deutschlands (ganze) Identität sei (bereits) die Vielfalt.

Womöglich war der September 2015 der Durchbruch zum neuen »Narrativ« von der Willkommensrepublik Deutschland. Als die Bundesregierung unter Kanzlerin Merkel tat, wozu sie laut Grundgesetz nicht verpflichtet war, und Migranten, die über Ungarn nach Österreich gekommen waren, ungeprüft ins Land ließ, brach sich faktisch eine neue Gesellschaft Bahn. Angela Merkel zufolge besteht »unsere Gesellschaft« bereits zweieinhalb Jahre später aus »denen, die als Deutsche hier schon immer leben, und denen, die zu uns kommen« (Regierungserklärung im März 2018). Wir – das sind spätestens Anfang 2018 »alle Menschen in unserem Land«. Der Status quo aus Sicht der Bundesregierung lautet: Man braucht keine deutsche Staatsbürgerschaft, um Teil der deutschen Gesellschaft zu sein. Wer da ist, gehört erst einmal dazu. Bedarf es da einer Willkommenskultur?

Eine Kultur, die prägen und binden und Identität schaffen kann, braucht es desto mehr, je schneller sich solche Eingemeindung der Mengen vollzieht. Daran hapert's. Wenn die Grünen darauf beharren, nur sie seien »eine Garantie für eine Politik der Willkommenskultur und der offenen Wertegesellschaft«, tunken sie sich am eigenen Schopf in die Brache der Gedankenlosigkeit. Auf unqualifizierten Willkommensgrüßen lässt sich keine Kultur gründen, Werte haben immer eine begrenzende Funktion und sind deshalb ein Korrektiv, kein Supplementum der Offenheit.

Zu welch halsbrecherischen rhetorischen Operationen die Rabulistik der Willkommenskultur verleiten kann, zeigte sich am 15. November 2015. Die deutsch-österreichische Grenzöffnung lag sechs Wochen zurück, die Bilder der Migrantentrecks auf Autobahnen wie der Teddybärengeschenke vom Münchner Hauptbahnhof waren noch frisch, und zwei Tage zuvor hatten Terroranschläge in Paris über 130 Tote und fast 700 Verletzte gefordert. Das Massaker bei einem Rockkonzert im »Bataclan«-Theater gehört zu den abscheulichsten islamistischen Attentaten überhaupt. Am 15. November 2015 also gab die grüne Spitzenpolitikerin Katrin Göring-Eckardt dem Mitteldeutschen Rundfunk ein Interview, in dem sie erklärte: »Willkommenskultur ist der beste Schutz vor Terroristen.« Zu diesem Zeitpunkt rangen in Paris noch Besucher des »Bataclan« mit dem Tod. Ihr Schmerz, ihr Leid, ihre Qual wären ihnen erspart geblieben, wenn Frankreich das willkommenskulturelle Optimum vollbracht hätte? Die muslimischen Mörder mordeten, weil sie sich von der nichtmuslimischen Mehrheitsgesellschaft nicht hinreichend angenommen fühlten? Weil es an effektiven Integrationsbemühungen mangelte? Weil der französische Staat keinen hinreichend großen pädagogischen Ehrgeiz entwickelt hatte? Der Satz wird doppelt mürbe dadurch, dass Papst Franziskus ihn im September 2016 bestätigte: »Erinnert euch daran, dass echte Gastfreundschaft (...) unsere größte Sicherheit gegen hasserfüllte Akte des Terrorismus ist.«

Klingt es auch zynisch, so hat es doch Methode. Katrin Göring-Eckardt und ihre Partei wollen durch Migrationspolitik eine Umcodierung der deutschen Gesellschaft vorantreiben und eine Revolution ins Werk setzen. Zumindest wird ein solches Ziel ausgegeben. Göring-Eckardt verkündete am 20. November 2015 auf der Bundesdelegiertenkonferenz von Bündnis 90/Die Grünen in Halle an der Saale: »Und ja, unser Land wird sich ändern und zwar drastisch. Und ich sag euch eins: Ich freu' mich d'rauf! Vielleicht auch, weil ich schon mal eine friedliche Revolution erlebt habe. Diese hier könnte die sein, die unser Land besser macht. Und vielleicht werden wir in 20 Jahren stolz darauf sein, dass wir die Partei waren, die nicht wie die CSU in der Furche lag, und die nicht wie die SPD immer hin und her laviert ist, sondern, die gestanden hat und gesagt hat, diese Veränderung, dieses bessere Land, dieses neue Land, ja, das wollen wir. Dafür kämpfen wir!«

Wie Deutschland 2035 aussehen wird, ob es die Bundesrepublik und den Euro und den Hamburger Michel und die Volkswagen AG noch geben wird, weiß tatsächlich niemand. Insofern hat das Göring-Eckardt'sche

»vielleicht« seine Berechtigung. Wohl aber wissen wir dank dieser Rede, dass wieder einmal eine Revolution herbeigesehnt wird, um ein anderes, ein besseres, ein neues Deutschland – so heißt auch die Tageszeitung der Linkspartei aus DDR-Zeiten – hervorzubringen. Eine »friedliche Revolution« sollen hinzuströmende Migranten in Gang setzen; sie sollen das allzu Deutsche zurückdrängen im Namen der jetzigen Deutschen, die die neuen Deutschen willkommen heißen. Die Zukunft, von der hier die Rede ist, lässt an ein Staatsbürger- und Wahlrecht für alle denken, an Mehrfachpässe, an ethnische Fehden und Gated Communities aber auch.

Erstaunlich: Zumindest rhetorisch passt da kein Blatt zwischen Katrin Göring-Eckardt und Alexander Gauland. Der Sprecher der »Alternative für Deutschland« formulierte Anfang September 2018 eine zu Recht kritisierte reaktionäre Phantasie: Durch eine »friedliche Revolution« müsse »das politische System im Sinne des Parteiensystems geändert werden«, ohne die »grundgesetzlich garantierte Ordnung« anzutasten. Auch hier sind die Begriffe in großer Verwirrung. Revolutionen fegen bestehende Ordnungen hinweg. Nach der »friedlichen Revolution« von 1989 gab es die DDR nicht mehr. Änderungen im Rahmen der bestehenden Ordnung nennt man Reformen. In ihrer Revolutionsbegeisterung wie in ihrer Ablehnung der bestehenden Bundesrepublik treffen sich Gauland und Göring-Eckardt. Dieselben Mittel werden zu freilich entgegengesetzten Zielen beschworen. Mehr Deutschland oder weniger Deutschland, das ist hier die Frage. Es wird unruhig an den Rändern, die zur Mitte drängen.

Angesichts des faktischen Aufstiegs der Willkommenskultur zur Staatsräson erscheint das grüne Szenario derzeit realistischer. Doch wir kennen die Zukunft nicht. Wie wird es der Willkommenskultur ergehen, wenn wir weiterhin solche bitteren Sätze lesen müssen, Leuchtfeuer aus Neudeutschland? »Wenn eine Gesellschaft in kurzer Zeit mehr als eine Million Flüchtlinge aufnimmt, dann führt das zwangsläufig zu mehr Straftaten. Die Asylbewerber, die wir seit 2015 aufgenommen haben, sind aber leider über dieses erwartbare Maß hinaus kriminell auffällig geworden. Obwohl sie nur 1,5 Prozent der Bevölkerung ausmachen, stellen sie bereits 8 Prozent der Tatverdächtigen, und bei den schweren Straftaten gehen sogar 15 Prozent auf ihr Konto.« (Boris Palmer, grüner Bürgermeister von Tübingen, am 13.6.2018 in der »FAZ«)

»Ausländer (ohne deutschen Pass) sind gemessen an ihrem Anteil an der Gesamtbevölkerung (rund 12 Prozent) überproportional unter den Tatverdächtigen vertreten – mit 34,8 Prozent. Seit 2005 ist die Zahl ausländischer Tatverdächtiger um 33,62% gestiegen, die Zahl der deutschen Tatverdächtigen ging im selben Zeitraum aber um 23,16% zurück.« (bild.de am 20.6.2018)

»Die Bedrohung durch islamistischen Terrorismus in der Europäischen Union bleibt sehr ernst, trotz des Niedergangs des Islamischen Staats in Syrien und im Irak. Zu dieser Einschätzung kommt die europäische Polizeibehörde Europol in einem in Den Haag vorgelegten Bericht. Europol-Sprecher Gerald Hesztera sagte, es habe im vergangenen Jahr 205 Anschläge gegeben. Das entspreche einem Anstieg von fast 45 Prozent. Dabei seien 68 Menschen getötet worden, mehr als 800 verletzt.« (»Euronews« am 21.6.2018)

Messerdelikte nahmen laut Landesinnenministerien, Landeskriminalämtern, Landespolizeien und der polizeilichen Kriminalstatistik der Länder von 2015 bis 2017, bezogen auf die Opferzahlen, deutschlandweit um bis zu 55 Prozent zu (Beitrag »Kontraste«, ARD/RBB, 5. April 2018). »Im vergangenen Jahr wurden deutlich mehr Deutsche Opfer eines Tötungsdelikts durch Asylzuwanderer als umgekehrt.« (»Welt« am 12.9.2018)

»2015 war ein junger Mann aus Somalia geflohen, schließlich nach Deutschland gelangt. Hier war er mit bis zu 27 Identitäten unterwegs – auch, um an Geld zu gelangen und Leistungen zu erschleichen. Was nun in Worms im Amtsgericht zur Debatte stand, war ein Diebstahl im Kaufhof im Dezember 2017. Hier hatte der Somalier einen Pulli gestohlen, dann bei seiner Flucht aus dem Kaufhaus die Eingangstür zertrümmert und schließlich mehrere Männer bespuckt, getreten, geschlagen und mit Schimpfwörtern überzogen, als sie versuchten, ihn bis zum Eintreffen der Polizei festzuhalten. Der Richter verdeutlichte sein Unverständnis darüber, dass es einem Menschen wie ihm gelingen könne, sich ohne Papiere nahezu drei Jahre ›im Südwesten Deutschlands‹ durchzuschlagen. ›Bis heute weiß niemand, wie er wirklich heißt, und auch nicht genau, wie alt er ist. Auch diese Angaben differieren‹, so der Richter.« (»Bürstädter Zeitung« vom 9.8.2018)

Auf ihrer Kaukasus-Reise sprach Bundeskanzlerin Merkel in Baku über »Wohlstand als Schutz vor Islamismus«. So stand es am 25. August 2018 zu lesen. Faktisch hat bisher weder der Wohlstand noch die Willkommenskultur den Westen davor bewahrt, zur Heimstatt antiwestlicher Terroristen und zum Weltwunschziel Nummer Eins für hinreichend mobile Migranten zu werden, verständlicherweise. Es bleibt spannend.

KAPITEL 8

»Solidarität ist keine Einbahnstraße«

Die Wölfe sind zurück. Nicht jeden Dorfbewohner, nicht jeden Bauer erfüllt diese Nachricht mit Freude. Schafe wurden schon gerissen, Wildtiere getötet, Kinder in Schrecken versetzt. Andererseits gäbe es vom schnellen, schlauen, majestätischen Jäger mit den scharfen Zähnen einiges zu lernen, gerade von uns Menschen. Er taucht nie einzeln auf, immer im Rudel, und ist ein höchst soziales Wesen. Er weiß, was er will, und bekommt es meistens, weil er sich geschützt und gestärkt weiß unter Seinesgleichen. Wölfe nämlich »verfügen über eine ganz besonders fortgeschrittene Jagdtechnik; und die Hierarchie innerhalb der Gruppe ist sehr präzise ausgeprägt und die Verteilung der Beute keinesfalls egalitär. Aber es besteht ebenfalls ein System der Solidarität. Alte Wölfe, die nicht mehr fähig sind zu jagen, werden keineswegs von der Meute im Stich gelassen. Es besteht also eine Art Rentensystem bei den Wölfen – und es ist ein Verteilungssystem.« Sagt Michel Houellebecq, als er im Herbst des Jahres 2018 den ersten Oswald-Spengler-Preis entgegennimmt.

Der französische Romancier argumentiert in seiner Dankesrede autobiografisch und gattungsgeschichtlich. Er habe »das Studium eines Landwirtschaftsingenieurs absolviert« und sich dabei auch mit Populationsgenetik beschäftigt. Der »Kampf um die Fortpflanzung« bestimmt demnach das Fortkommen der Arten. Die Demografie, der sein besonderes Augenmerk gilt, sei

»nichts anderes als ein besonderer, auf den Menschen bezogener Anwendungsfall der Populationsgenetik.« Außerdem trügen zum Gedeihen oder Vergehen der Arten »die Verhaltensmuster Solidarität und Altruismus« bei. An dieser Stelle kommt der Wolf ins Spiel. Beide Modi sind nur innerhalb einer Gruppe möglich. »Der Kampf um das Leben hat sich verlagert: Er findet nicht mehr zwischen Individuen statt, sondern zwischen Herden oder Meuten, die sich um der Kontrolle von Territorien willen bekämpfen.« Die Wölfe ziehen ihren speziellen Vorteil aus einem, wie es oben hieß, wölfischen Rentensystem. Der schwach gewordene Wolf wird nicht aus dem Rudel verstoßen. Die anderen jagen für ihn. Ein solches moralisches Niveau hätten die Menschen bis heute nicht erreicht.

Solidarität unter Wölfen ist Gruppensolidarität. Sie meint den praktischen Zusammenhalt innerhalb eines besonderen Rudels. Andere Gruppen sind darin nicht eingeschlossen, Schafe oder Rehe erst recht nicht. Einer für alle, und alle gegen die anderen – so ließe sich der solidarische Selektionsvorteil der Wölfe schematisieren. Wie anders klingt's doch, ebenfalls im Oktober 2018, bei der Verleihung eines weiteren Preises, des Friedenspreises des Deutschen Buchhandels, in der Frankfurter Paulskirche. Die prämierten Kulturwissenschaftler Aleida und Jan Assmann sprechen über die Notwendigkeit »globaler Solidarisierung«. Es reiche nicht, sich mit Menschen zu solidarisieren, »die dieselben Haltungen haben oder die selben Ziele verfolgen«, sonst verkomme Solidarität zum Gruppenegoismus. Gefragt sei eine »inklusive Solidarität auch mit Menschen, die anders sind als wir selbst, mit denen wir aber eine gemeinsame Zukunft aufbauen wollen.«

Jan und Aleida Assmann unterscheiden »soziale Solidarität auf der Ebene der Gesellschaft, (…) transnationale Solidarität auf der Ebene der EU und vor allem globale Solidarität im Umgang mit ökonomischen und natürlichen Ressourcen, damit es eine Zukunft nachfolgender Generationen überhaupt noch geben kann. Hinzu kommt nun die Solidarisierung mit Geflüchteten, deren Zukunft durch Kriege, Not, Gewalt und Raub zerstört wurde. Es kann nicht angehen, dass es eine neoliberale Freiheit für die Bewegung von Kapital, Gütern und Rohstoffen gibt, während Migranten im Mittelmeer ertrinken, an Grenzen festhängen und wir die Menschen, ihr Schicksal, ihr Leid und ihre Zukunft vergessen.«

Das alles und noch viel mehr ist also gemeint, wenn von Solidarität die Rede ist: wechselseitige Unterstützung zum Vorteil der eigenen Gruppe, ganz praktisches Tun im Nahbereich sozialer Verantwortung, politische Aktion aus Sorge um den Fortbestand der Erde, Hilfe für Bedrängte aus anderen oder in anderen Ländern, Transferleistungen zum Ausgleich globaler Unterschiede. Nicht explizit aufgetaucht sind bisher die beiden klassischen Herkunftsmilieus der Solidarität, die Arbeiterbewegung und das Christentum. Wer will, mag Anklänge an das Gebot der Barmherzigkeit entdecken, wenn Aleida und Jan Assmann eine wachsende Teilnahmslosigkeit für das Schicksal und das Leid von Migranten beklagen. Oder, wo Houellebecq das Kohortenverhalten im Rudel lobt, an das Arbeitermotto, »wir können nur gewinnen, wenn wir einig sind im Streit.«

Bert Brecht dichtete zur Musik von Hanns Eisler für »Kuhle Wampe«, den ersten deutschen Arbeiterfilm von 1932, das Solidaritätslied. Wer den schnarrenden

Marsch hört, die holprigen Verse, dargeboten etwa von Ernst Busch, behält das Lied im Ohr, gerade weil es melodisch so schlicht gesetzt ist, Trommelschläge in Reimen: »Vorwärts, und nicht vergessen, worin unsre Stärke besteht. / Beim Hungern und beim Essen, vorwärts, nicht vergessen: / Die Solidarität!« In Strophe 3 dann: »Kommt heraus aus euren Trümmern, kriecht hervor aus eurer Not! / Erst wenn wir uns selbst drum kümmern, wächst in Frieden unser Brot.« Und in Strophe 4: »Doch wir sind noch lang' nicht alle, viele sind noch nicht bereit. / Und wir können nur gewinnen, wenn wir einig sind im Streit.«

Näher bei Houellebecq und den Wölfen als bei der Assmann'schen Universalambition ist die Arbeitermoral. Die Gruppe, das große Wir, soll wachsen, damit das gemeinsame Interesse sich durchsetzt »im Streit«. Die, wie es abschließend heißt, »geeinte Kraft« soll siegen über Kanonen. Solidarität, wie sie hier verstanden wird, ist der zur Stärke aufaddierte Mut der Schwachen. Er beruht auf Einigkeit nach innen und Konfrontationsbereitschaft nach außen. Ähnlich war christliche Solidarität gedacht, als die Christen in der Minderheit waren und eine Welt von Feinden gegen sich hatten. Eine verschworene Gemeinschaft mussten sie sein, um zu überleben, eine ecclesia militans, eine streitende Kirche.

Heute ist so verstandene christliche Solidarität nur ein Teilaspekt kirchlichen Solidaritätsverständnisses. Wenn Papst Franziskus zum Weltfriedenstag 2014 eine »Kultur der Solidarität« einklagt, will er nicht nur den Christen ins Gewissen reden, sondern der ganzen Welt. Er propagiert, wie Jan und Aleida Assmann, eine »globale Solidarisierung«. Franziskus nennt sie »allumfassende Nächstenliebe« und präzisiert, »dass die reichen

Nationen den weniger fortgeschrittenen helfen«, sei eine Pflicht der »am meisten Bevorzugten«. Solidarität ist demnach Hilfe des Stärkeren für den Schwächeren, eine ökonomische Operation, deren Subjekt die Nation ist. Ebenfalls 2014, zum »Welttag des Migranten und Flüchtlings« unter der Überschrift »Migranten und Flüchtlinge: unterwegs zu einer besseren Welt«, koppelte Franziskus Solidarität an das Kriterium der »Aufnahmebereitschaft« und sah, wo diese vorliegt und praktisch wird, dank der Migration die Chance auf ein »solidarischeres Land« und eine »brüderlichere Welt«. Wieder ist die Nation Träger der Solidarität, und wieder fungiert als Kriterium das, wie es zum ersten »Welttag der Armen« im November 2017 lauten wird, »Teilen mit den Armen«.

Zwar integriert Franziskus auch die innerchristliche Solidarität in sein Modell, jedoch nur in historischer Herleitung. Zielpunkt ist »menschliche Solidarität« – so die Formulierung zum zweiten »Welttag der Armen« im November 2018. Solidarität ist nicht zwingend Ausdruck gelebten Glaubens, des katholischen zumal, sondern kann sich aus allgemein menschlichen Gründen speisen. Insofern gibt es große Schnittmengen zwischen dem derzeitigen kirchlichen und dem säkularen politischen Verständnis von Solidarität, wie es sich beispielsweise in der »Agenda 2030« der Vereinten Nationen manifestiert. Dort wird bemerkenswert tief ins utopische Register gegriffen, um 17 strikt irdische »Ziele für nachhaltige Entwicklung« ihrer Verwirklichung im Jahr 2030 näher zu bringen und so die »Transformation unserer Welt« zu forcieren. Ziel 1: »Armut in allen ihren Formen und überall beenden«. Ziel 2: »Den Hunger beenden«. Ziel 3: »Ein gesundes Leben für alle Menschen jeden Alters gewährleisten und ihr Wohlergehen fördern«. Ziel 11: »Städte und Siedlungen inklusiv, sicher, widerstandsfähig und nachhaltig gestalten.«

Die Wette, dass auch nur eines dieser Ziele erreicht wird, verspricht hohe Quoten. Und ob der »Geist verstärkter globaler Solidarität«, »insbesondere der Solidarität mit den Ärmsten und mit Menschen in prekären Situationen« dadurch obsiegen wird, dass 17 meist unrealistische Ziele mit pompöser Rhetorik aufs Podest gehoben werden, ist ebenso fraglich. Die Vereinten Nationen scheuen vor keiner Selbstanmaßung, keinem Kitsch, keiner Esoterik zurück. Die Hybris der »Agenda 2030« ist maximal: »Wir sind entschlossen, die Menschheit von der Tyrannei der Armut und der Not zu befreien und unseren Planeten zu heilen und zu schützen.« »Wir verpflichten uns, auf dieser großen gemeinsamen Reise, die wir heute antreten, niemanden zurückzulassen.« »Wir sehen eine Welt vor uns, die frei von Armut, Hunger, Krankheit und Not ist und in der alles Leben gedeihen kann. Eine Welt, die frei von Furcht und Gewalt ist. Eine Welt, in der alle Menschen lesen und schreiben können.« »Nie zuvor haben sich die Staatslenker der Welt zu einem gemeinsamen Handeln und Unterfangen in einer so breit gefächerten und universellen politischen Agenda verpflichtet.« »Wir werden die Zwangsarbeit und den Menschenhandel abschaffen und der Kinderarbeit in allen ihren Formen ein Ende setzen.« »Wir bekräftigen unsere unbeirrbare Entschlossenheit, diese Agenda zu verwirklichen und sie in vollem Umfang zu nutzen, um bis 2030 eine Transformation der Welt zum Besseren herbeizuführen.« Da kann man nur noch Amen sagen. Da schlägt der Phrasometer weit aus.

Die »Agenda 2030« markiert den vorläufigen Höhepunkt einer Transformation: Solidarität wird zur Regierungssache, die »Staatslenker der Welt« kümmern sich darum. Sie hat den zentralen Aspekt individueller Gegenseitigkeit eingebüßt. Sie ist zur Entwicklungshilfe geworden der, wie Franziskus sprach, »am meisten Bevorzugten« gegenüber den »weniger fortgeschrittenen« Nationen. Übrig lassen die UN vom Prinzip der gemeinschaftsstabilisierenden Reziprozität, vom wölfischen Erbe, nur »gegenseitige Achtung und ein Ethos der Weltbürgerschaft und der geteilten Verantwortung«. Faktisch soll nicht geteilt, sondern umverteilt werden. Solidarität ist eine Einbahnstraße geworden.

Wer immer das Wort von der Solidarität aufruft, dieses Chamäleon unter den Begriffen, sollte wissen, für welches Schillern er sich entscheidet. Meint er freiwilliges solidarisches Handeln, zu denen immer mindestens zwei gehören? Meint er eine persönliche Tugend oder ein kollektives Bekenntnis? Meint er Appell oder Aktion, vertikale gegenseitige Unterstützung oder horizontale Hilfe? Oder schlicht Vertragstreue? Derzeit vorherrschendes Modell ist die Einbahnstraße. Sie wird im Großdiskurs der Einen Welt, der »One World«, gefordert, um diese zusammenzuhalten, um die sozialen Unterschiede zwischen den Ländern und innerhalb der Länder nicht ins Unermessliche steigen zu lassen, »damit es eine Zukunft nachfolgender Generationen überhaupt noch geben kann«. (Aleida und Jan Assmann)

Obwohl die Einbahnstraße breit und dichtbefahren ist, gibt es kaum einen Politiker, der nicht das Gegenteil behauptet und hierfür Applaus erntet. »Solidarität ist keine Einbahnstraße« hören wir, vor allem in Debatten zur Europäischen Union. Die Mehrheitsauffassung formulierte bestechend klar schon im August 2013 Rainer Brüderle, damals Fraktionsvorsitzender der FDP im Bundestag. Solidarität bedeute den Grundsatz, »wir helfen. Solidarität ja, aber der Empfänger der Solidarität, der Hilfe, hat die Pflicht, das ihm Möglichste zu tun, die Ursachen seiner Misere zu beseitigen. Dieser Druck darf nicht nachlassen. (…) Solidarität ist keine Einbahnstraße.«

Brüderles Wortmeldung zur Diskussion um finanzielle Unterstützungen für das taumelnde Griechenland setzt Solidarität und Hilfe in eins und leitet aus dieser eine Pflicht ab. Rechte und Pflichten sind Grundbestandteile von Verträgen. Gemeint ist ein Vertragsverhältnis mit Griechenland: Geld gegen Leistungsversprechen. Europäisches Geld floss, ob die griechische Leistung erfolgte, ist strittig. Wodurch die bedenkliche Rede von der Solidarität im Nachhinein vollends abgründig wurde.

Der Berliner Rechtsprofessor Christian Calliess beschreibt im Juni 2015 die verwirrende Begriffslage und beruft sich auf den Europäischen Gerichtshof für Menschenrechte. Die »Beachtung der gemeinschaftlichen Regeln« sei ein »Ausdruck von Solidarität. Man kann nicht nur die Vorteile Europas genießen, man muss auch die damit verbundenen Lasten tragen.« Solidarität könne »schon rechtlich betrachtet keine Einbahnstraße sein.« Anlass der Betrachtung waren der Umgang der EU mit Griechenland und die beiden »Rettungsschirme« EFSF und ESM. Vertragskonformes Handeln ist die Basis solidarischen Handelns, der Minimalparameter. Doch wie weit trägt der Gedanke? Ist der Malermeister mit dem Häuslebauer solidarisch, wenn er jenem einen Teil der Rechnung stundet? Ist es der Arbeitnehmer mit dem Arbeitgeber, wenn er auf die Hälfte des Lohns verzichtet?

Nach der Griechenland- kam die Migrationskrise und mit ihr die hohe Zeit der Solidarität als rhetorischem Hauptjoker. Eingesetzt wurde er vor allem in östlicher Richtung, zur Zähmung der migrationskritischen Visegrad-Staaten. Der österreichische Europaabgeordnete Othmar Karas von der ÖVP erklärt im September 2017, Ungarn weigere sich, »solidarische Maßnahmen (...) einzuhalten. Solidarität ist keine Einbahnstraße, und das ist auch kein Basar, sondern man muss sich zusammensetzen und Dinge regeln.« Sein Parteikollege Sebastian Kurz stieß schon im September 2015 als Außenminister ins selbe Horn. Die Europäische Union sei »ein Projekt, das auf Solidarität fußt. Wenn wir jetzt hier in dieser Situation erleben, dass es diese Solidarität zum Beispiel bei der Verteilung innerhalb Europas nicht gibt, dann würde das vieles in der Europäischen Union gefährden.« Länder, »die von Nettozahlern wie uns profitieren, indem sie auch finanzielle Unterstützung seitens der Europäischen Union bekommen, müssen natürlich auch sich hier solidarisch beteiligen.« Leistung gegen Gegenleistung, Geld für »Aufnahmebereitschaft« (Franziskus): So buchstabiert man eine Vertragstheorie der Solidarität.

Ungarn seinerseits weist darauf hin, dass »Einwanderungspolitik keine gemeinsame Aufgabe der EU« sei. »Das ist eine nationale Angelegenheit jedes einzelnen Mitgliedstaates. Seit 2015 hat man versucht, das zu einer Gemeinschaftsaufgabe zu machen – und ist gescheitert.« So anno 2018 Ministerpräsident Viktor Orbán, der bei einer gemeinsamen Pressekonferenz mit Angela Merkel im Juli ergänzte, es verletze Ungarn, »wenn wir von Deutschland beschuldigt werden, dass wir keine Solidarität zeigen.« Ungarn erweise sich dadurch als solidarisch, dass es an der Grenze zu Österreich Tausende Migranten abweise, die sonst nach Deutschland weiterreisten.

Das Solidarmodell gemeinschaftlicher Abwehr verfängt nicht bei jenen Politikern des Westens, die die Aufnahme von Migranten großflächig ins Werk setzen wollen. Entwicklungshilfeminister Müller (CSU) lobt Deutschlands praktizierte Solidarität – eine hohe Zahl an neu zugewanderten Migranten ist gemeint – und verlangt von »Brüssel«, eine »gleichwertige Verteilung der Flüchtlinge, der Solidarität in Europa zu organisieren« – notfalls mit Gewalt? Mit welcher aber? Mit der Macht des Geldes, die Katja Kipping (Linkspartei) in Form einer »Fluchtumlage« vorschlägt? Damit »die Geflüchtetenfrage solidarisch gelöst« wird, sollen »Länder, die mehr aufnehmen, deutlich unterstützt bei dieser Aufgabe« werden durch Mittelzuweisung. Solidarität soll sich lohnen, im Portemonnaie statt auf dem Tugendkonto. Da das Geld aus nationalen Staatseinnahmen stammt, ist es das Geld anderer Leute, mit dem Solidarität zu zeigen den nichts kostet, der sie fordert. EU-Politiker Manfred Weber (CSU) will im Europäischen Parlament »die Solidarität gesetzgeberisch« durchsetzen. Mittels Quote wolle man die »Verteilungsgerechtigkeit sicherstellen auf diesem Kontinent«. So der Stand von Oktober 2017. Tempi passati.

Womit der Versuch, die moralische Einbahnstraße zu verlassen, beim Zwang gelandet wäre. Kann verordnete Solidarität solidarisch sein? Im Bemühen, ein als solidarisch deklariertes Projekt für verbindlich zu erklären, ging das entscheidende Element der Solidarität über Bord, die freie Gemeinschaftlichkeit. Auf politischem Weg lässt sich selbstverständlich der Mehrheitswille durchsetzen, und Griechenland wie Ungarn dürfen sich über Gegenwind nicht beschweren – doch es sind dann eben Machtfragen, Vertragsfragen, Fiskalfragen, die sich im Tugendglanz zu Unrecht sonnen.

So also kam es, dass der hehre Begriff der Solidarität zwar nicht entleert, aber mit derart vielen Bedeutungen aufgeladen wurde, dass man ihn nicht mehr voraussetzungsfrei verwenden kann. Er meint zu viel, als dass er zum eingängigen Schlagwort taugte im tagespolitischen Moralwettkampf. Als eines Tages im Sommer 2018 ein Manifest unter dem aberwitzigen Motto »Solidarität statt Heimat« erschien und verglühte und zuvor von der Integrationsforscherin Naika Foroutan (siehe Kapitel 7) und dem Soziologen Stephan Lessenich (siehe Kapitel 9) unterzeichnet worden war, denn »Solidarität ist unteilbar, Migration und das Begehren nach einem guten Leben sind global, grenzenlos und universell«, da hatte der große Begriffskladderadatsch um dieses schöne Wort seine nächste planetarische Stufe erreicht. Es wird nicht die letzte gewesen sein.

KAPITEL 9

»Unser Reichtum ist die Armut der Anderen«

Ein Könner war er schon, vielleicht ein »arroganter Könner«, wie der Schriftsteller Uwe Kolbe den schwäbischen Kollegen nennt, aber ein Könner unbedingt. Sonst wären nicht derart viele Wendungen Bertolt Brechts in den allgemeinen Sprachgebrauch übergegangen und hätten dort bis heute überdauert, zwischen »Der Schoß ist fruchtbar noch, aus dem das kroch«, »erst kommt das Fressen, dann die Moral« und der rhetorischen Frage, »was ein Einbruch in eine Bank« sei »gegen die Gründung einer Bank.« Wer deutsch spricht, entkommt Brecht nicht.

Worte transportieren Botschaften auf vielen Pfaden, und mit den metrisch geglückten, witzigen, plastischen Wendungen Brechts gelangt dessen sozialistisch eingefärbte Weltsicht ins öffentliche Reden, und sei's in Form eines Kinderreims. Auch dieses Stilmittel beherrschte der Ego- und Erotomane mit dem laxen Eigentumsbegriff. »Ford hat ein Auto gebaut / Das fährt ein wenig laut. / Es ist nicht wasserdicht / Und fährt auch manchmal nicht.« So steht es unter dem Buchstaben »F« im Gedicht »Alfabet« aus Brechts »Kinderbuch«. Bei »R« lesen wir einen ungleich bekannteren Vierzeiler. »Reicher Mann und armer Mann / Standen da und sahn sich an. / Und der Arme sagte bleich: / Wär ich nicht arm, wärst du nicht reich.« Hart stoßen die Antagonisten aufeinander, der Reiche und der Arme, unversöhnlich ist ihre entgegengesetzte Lage. Brecht dachte oft in Antinomien. Besonders auf ökonomischem Feld gab es für ihn selten ein Drittes, gab es nur die Habenichtse und die Ausbeuter, die Knechte und die Herren, vergleichbar einem Max Stirner, einem Karl Marx.

Uwe Kolbe urteilt in seinem Langessay »Brecht – Rollenmodell eines Dichters« von 2016: »Das Vorbild der Denk- und Lebensweise, die von dem Dichter Brecht herkommt, lebt. Es ist ein zäh fortbestehendes Rollenmodell des kritischen Dichters, Schriftstellers, Künstlers, das die realen Verhältnisse weitgehend ignoriert. Er mischt sich in die Belange der Wirtschaft, des Fortgangs der Menschheit, der Politik ein, obwohl deren Dynamik ihn überfordert. (...) Er bietet einfache Lösungen an. Zugleich schmarotzt sein eigenes Leben an dem Gewinn, den die Dynamik mit sich bringt.« Brecht, der Überforderte und Profiteur seiner Überforderung?

Was im Kinderreim putzig klingt und seinen Platz hat, stößt sich hart an den von Uwe Kolbe eingeklagten »realen Verhältnissen«. Den Ursprung des Reichtums, der sich einer fremden Armut verdanken soll, lässt Brecht außer Acht. Ein Mann hat Geld geerbt, das seine Eltern durch sparsames Haushalten beiseitegelegt haben, ihr Leben lang: Dieser Vermögenszuwachs beim Sohn soll Resultat sein der Ausbeutung eines Armen? So kann es Brecht nicht gemeint haben. Ein Mann hat eine pfiffige Idee, meldet ein Patent an, gründet eine Firma, schafft Arbeitsplätze für Hunderte: Auf wessen Kosten soll dieser Reichtum entstanden sein? So kann es Brecht nicht gemeint haben. Eine junge Frau überspringt mehrere Klassen, macht den Universitätsabschluss in Rekordzeit und wird zur weltweit gefragten Expertin für Künstliche Intelligenz: Welchem Armen hat sie bei ihrem Aufstieg Geld weggenommen? Und welche Armen wurden von den millionenschweren Rockstars Mick Jagger, Bono, Lady Gaga bestohlen? So kann es Brecht nicht gemeint haben. Wie aber dann?

Der Gedanke ist so simpel wie die Form, in die ihn Brecht bezwingend gekleidet hat: Reichtum ist prinzipiell Diebstahl. Gut wäre die Welt, wenn alle ihre Bewohner mehr oder minder gleich viel und also recht wenig besäßen. Das frugale Idyll, das schöne, da anspruchsarme Leben, wie es Jean-Jacques Rousseau einst literarisch entwarf, hallt nach. Reichtum ist in dieser Perspektive immer ein Vorwurf. Es kann nicht mit rechten Dingen zugegangen sein, wenn jemand ein turmhoch höheres Auskommen hat als der Nebenmann. In Brechts Welt rechnen Verdienste nach Arbeitskräften, nicht nach Ideen – vielleicht deshalb sein laxer Umgang mit den Ideen anderer? –, folglich kann der Reichtum des Reichen nur auf der Armut des Armen beruhen; dessen Arbeitskraft muss ausgebeutet werden, um den Mehrwert für den Arbeitgeber zu erwirtschaften. So weit, so schlicht, so marxistisch. Praktisch dann ging Brecht an den Wonnen einer luxurierenden Lebensweise keineswegs vorbei.

Hinzu kommt ein zweiter Gedanke im antagonistischen Kräftefeld, der es ins Universelle weitet: Brechts Wippe. In der »Heiligen Johanna der Schlachthöfe« beschreibt die Titelheldin »das System« wie folgt: »Da sitzen welche, wenige, oben und viele unten, und die oben schreien hinunter: kommt herauf, damit wir alle oben sind, aber genau hinsehend siehst du was Verdecktes zwischen denen oben und denen unten, was wie ein Weg aussieht, doch ist's kein Weg, sondern ein Brett, und jetzt siehst du's ganz deutlich, 's ist ein Schaukelbrett, dieses ganze System, ist eine Schaukel mit zwei Enden, die voneinander abhängen, und die oben sitzen oben nur, weil jene unten sitzen, und nur solange jene unten sitzen, und säßen nicht mehr oben, wenn jene heraufkämen, ihren Platz verlassend, so dass sie wollen müssen, diese säßen unten in Ewigkeit und kämen nicht herauf. Auch müssen's unten mehr als oben sein, sonst hält die Schaukel nicht.« Dem deutschen Schauspieler Lars Eidinger, geboren 1976 in Berlin, leuchtet dieses Bild »total ein«. So sagte er es im Fernsehen, bei »arte«, Ende Januar 2018.

Eidinger, der wenig später Bertolt Brecht spielen sollte im Kinofilm »Mackie Messer«, präsentiert sich im selben »arte«-Gespräch an der Seite des Regisseurs Oskar Roehler als Kind seiner Erziehung. Er sei »in diesem Unrechtsbewusstsein (...) eigentlich groß geworden«. Eine bemerkenswerte und vermutlich ehrliche Aussage. Gemeint ist eine Erziehung, deren prägende Haltung unzerstört vom Heranwachsenden auf den Erwachsenen überging, also keinerlei Rebellionen auslöste, keine Abnabelung, keine Auflehnung. Lars Eidinger, der Bühnenstar, repetiert jene Wahrheit, die er aus seiner Westberliner Jugend übernommen hat. Er sieht sich wie weiland als Knabe, als Teenager, als Schauspielschüler in einem universalen Verblendungszusammenhang gefangen. Er ist seiner Eltern und seines sozialen Umfelds gehorsamer Sohn geblieben. Er gibt als erkannt aus, was ihm damals gesagt worden ist. Er schließt auf zum Kind, das er war. Man könnte ihn einen Traditionalisten des richtigen Bewusstseins nennen. Oder einen unfreien Nachbeter.

Lars Eidinger verdient sehr gut und fühlt sich darum schuldig. Brecht wäre stolz auf seinen Schüler, einen unter vielen. Auf der Rückbank eines Taxis bei der nächtlichen Fahrt durch Berlin – so sieht es die Rahmenhandlung des arte-Formats »Durch die Nacht mit …« vor – bekennt Eidinger vor Roehler, er habe gegen »sowas wie Multikulti nichts, weil ich immer das Gefühl habe, ich lebe in einem absoluten Wohlstand, und mein Reichtum und mein Wohlstand gründet sich auf der Ausbeutung und der Armut anderer. Wenn ich helfen will, muss ich was abgeben, da muss ich ein Eingeständnis machen an meinen Wohlstand, und dazu bin ich bereit.« Wenig später blendet die Szene ab. Wir werden nie erfahren, welchen Teil seines erarbeiteten Reichtums Lars Eidinger anno 2018 abzugeben bereit war. Und welchen er abgab.

Wohl aber sind die entscheidenden Stichworte gefallen: Es geht ums »Helfen«, worunter zwischen Entwicklungshilfe und Almosen eine breite Skala geldwerter Unterstützung für Abwesende fällt. Eidinger will durch seine versprochene helfende Tat »der Ausbeutung und der Armut anderer« entgegenwirken. Ausbeutung und Armut sollen verringert werden dadurch, dass Lars Eidinger seinen Wohlstand reduziert, »dazu bin ich bereit«. Der Schauspieler, der künftig – wir müssen da spekulieren – eine Ananas weniger kauft oder einen Teil seiner Gagen spendet oder vom Eigenheim in eine Zwei-Zimmer-Wohnung umzieht, sieht den Komfort seiner Berliner Lebensverhältnisse und seine Einkünfte bei Film, Theater, Fernsehen errichtet auf bösem Fundament, »auf der Ausbeutung und Armut anderer«, ohne dass er selbst ein Ausbeuter wäre. Das Bewusstsein eines kolossalen Unrechts verlässt ihn nie. Wir haben es, soziologisch gesprochen, mit struktureller Schuld zu tun, einem veritablen schwarzen Schimmel. Deshalb stellt Eidinger in Aussicht zu tun, was er tun »muss«. Das modale Hilfsverb ist entscheidend. In diesem Moraldiskurs herrscht kein Sollen, hier regiert das Müssen. Eine Schuld, die für kollektiv untilgbar gilt und individuell nicht gewogen werden kann, bedarf des Imperativs, frei von aller Abwägung. »Du musst! Du musst! Und kostet es mein Leben!« (»Faust«)

Auch bei dem deutschen Entwicklungshilfeminister Gerd Müller (CSU) muss immer gemusst werden. Im Vorwort zur Broschüre seines Hauses »Der Zukunftsvertrag für die Welt – Die Agenda 2030 für nachhaltige Entwicklung« schreibt Müller knapp und autoritär: »Alle müssen ihren Beitrag leisten. Nicht nur Staaten und Organisationen, sondern jede und jeder Einzelne von uns.« Das Müssen, adressiert an die Wähler, ist eigentlich unter Politikern verpönt. Es beschwört Erinnerungen herauf an Kommandowirtschaft und staatlichen Dirigismus. Wenige Seiten später wiederholen die Autoren der Broschüre, »alle müssen ihren Beitrag leisten«. Das Ziel, von den Vereinten Nationen vorgegeben, ist schließlich so kühn, dass einem der Atem stockt. Bis ins Jahr 2030 soll »Armut in jeder Form und überall« beendet werden, will man »den Hunger beenden«, ein »gesundes Leben für alle Menschen jeden Alters gewährleisten« und »Zugang zu bezahlbarer, verlässlicher, nachhaltiger und zeitgemäßer Energie für alle sichern.« Womit nur 4 der 17 globalen Ziele der »Agenda 2030« benannt wären.

Die Uhr tickt, und wer das UN-Utopia errichten will, darf sich mit keinem Vielleicht, keiner Hoffnung, keinem Werben aufhalten. Hier gilt's zu müssen. »Alle müssen bei der Umsetzung der Agenda 2030 mitmachen«, heißt es am Ende der Broschüre, ehe unter dem Befehlspfeil »Machen Sie mit!« die finale Verhaltensanordnung erfolgt:

Energie sparen! Fahrrad statt Auto! Keine Lebensmittel wegwerfen! Produkte kaufen mit ökologisch-sozialen Gütesiegeln! »Engagieren Sie sich!«

Wird sich jemand durch moralische Gestellungsbefehle der Regierung in seinem Konsumverhalten dauerhaft beeindrucken lassen? Hunger, Armut, Krankheit weichen weltweit, wenn der Pudding in Bad Blankenburg zu Feinkostpreisen erstanden wird? Wenn für fair gehandelte Baumwolle im T-Shirt das Fünffache gezahlt wird? Natürlich kann erhöhte Nachfrage zu einer Ausweitung der gewünschten Produktionszweige führen, mangelnder Absatz zum Niedergang. Insofern haben die Konsumenten tatsächlich Macht, Marktmacht, wie jeder Marktteilnehmer. Von globalen Verheißungen sollte auch und gerade ein deutscher Entwicklungshilfeminister mit UN-Rhetorik absehen. Allein der Umstand, dass an fast keiner Stelle der vielen Benimmfibeln für den nachhaltigen Musterkonsumenten der Zusammenhang zwischen dem Kampf gegen das weggeworfene Lebensmittel und dem globalen Sieg über Hunger und Armut detailliert ausgeführt wird, mahnt zur Skepsis.

Auf der vom Bundesministerium für Ernährung und Landwirtschaft betriebenen Homepage »Zu gut für die Tonne« heißt es, »in Anbetracht des Hungers in der Welt und aus Respekt vor unseren Mitmenschen und der Schöpfung sind wir geradezu verpflichtet, sorgsam mit unseren Lebensmitteln umzugehen. Außerdem trägt unser Verhalten tendenziell auch zur Verknappung und damit zur Steigerung der Preise für Lebensmittel bei.« Dass man nicht vor allen Menschen Respekt haben kann, haben sollte, wurde bereits dargelegt (siehe Kapitel 4). Entscheidend ist der Moralappell. Er macht die

Pflicht zur relativen – nur »geradezu« sei man verpflichtet. Das nachgeschobene ökonomische Stützargument taugt kaum: Ziel des mündigen Konsumenten soll es sein, durch Kaufzurückhaltung die Preise der Produkte, die er wenig nachfragt, zu steigern? Um sie dann, wenn sie teurer geworden sind, wieder stärker nachzufragen? Diese Gleichung dürfte nicht aufgehen. Ein Unternehmer, dessen Produkte in eine Absatzkrise geraten, wird eher die Belegschaft verringern, also Arbeitslosigkeit generieren, als die Preise für seine Produkte zu erhöhen. Kein Fall ist mir bekannt, da Ladenhüter zu Rennern wurden, indem man ihre Preise heraufsetzte. Der »tendenzielle« Satz von zugutfuerdietonne.de hat die Tendenz zum Unsinn.

Wenn Minister Müller fordert, »diese Zustände müssen wir ändern«, und der CSU-Politiker damit ein Ende der »neokolonialistischen Ausnutzung der Arbeitskraft und der Ressourcen dieses reichen Kontinents« anmahnt durch den Kauf von »fairem Kaffee, Kakao, Baumwolle oder Bananen«, denn nur so hätten »Afrikas Kinder und Jugendliche eine Chance auf ein Leben und eine Zukunft in Würde« – dann deutet die alarmistische »Nur so«-Rhetorik nicht nur auf die zynische Ausweitung der Alternativlosigkeitsrhetorik, mit deren Hilfe dem einer gewaltigen Staatsquote unterworfenen Staatsbürger vom Staatsvertreter eingeredet werden soll, er sei verantwortlich für ein würdeloses Dasein junger Afrikaner, sofern er nicht subito einen 30-prozentigen Aufschlag auf das Pfund Kaffee berappe; nein, dann erweist sich der CSU-Minister als gelehriger Schüler des Münchner Soziologen und Politikers Stephan Lessenich. Dessen Haupttheorie nimmt Minister Müller auf, wenn er zum Welt-Umwelttag 2018 sagt, »wir leben auf Kosten anderer Menschen und Naturräume, die ihre Ressourcen für unseren Konsum ausbeuten. (...) Industrieländer leben auf Kosten der Entwicklungsländer. Wir sind eine Externalisierungsgesellschaft.« Was meint das?

Der Hochschullehrer Stephan Lessenich gründete die links-grüne Partei »Mut«, die bei den bayerischen Landtagswahlen im Oktober 2018 insgesamt 0,3 Prozent der Stimmen erhielt. Überregional bekannt geworden war Lessenich 2016 durch seinen Bestseller »Neben uns die Sintflut – Die Externalisierungsgesellschaft und ihr Preis«, in dem er ein breites Panorama des westlichen »Unrechtsbewusstseins« (Eidinger) entwirft. Das Erfolgsbuch erschien 2018 als Taschenbuch unter dem leicht geänderten Titel: »Neben uns die Sintflut – Wie wir auf Kosten anderer leben«. Anders als Minister Müller traut er dem individuellen Kaufverhalten nicht zu, die Erbschuld des Bösen zu tilgen. Lessenich stellt die Systemfrage, will die antikapitalistische Revolution. »Wer wirklich allen Weltbürgern eine materiell gesicherte Existenz, ein Mindestmaß der Verfügung über das eigene Lebensschicksal und die Chance auf ein friedvolles gesellschaftliches Zusammenleben wünscht, der muss die Externalisierungsgesellschaft infrage stellen – und damit (...) den globalen Kapitalismus als System ungleichen Tauschs im Besonderen.«

Ergo: Die marxistische Losung von der Überwindung des Kapitalismus macht der Münchner Beamte sich zu eigen, freilich in konsumrevolutionärer Absicht. Die Externalisierungsgesellschaft bezeichnet den zu stürzenden Status quo insofern, als »die reichen, hoch industrialisierten Gesellschaften dieser Welt die negativen Effekte ihres Wirtschaftens auf Länder und Menschen in ärmeren, weniger ›entwickelten‹ Weltregionen auslagern. (…) Externalisierung heißt in diesem Sinne: Ausbeutung fremder Ressourcen, Abwälzung von Kosten auf Außenstehende, Aneignung der Gewinne im Innern, Beförderung des eigenen Aufstiegs bei Hinderung (bis zur Verhinderung) des Fortschreitens anderer.«

Das Buch, das mit der längst enttarnten Begriffsattrappe namens »strukturelle Schuld/strukturelle Gewalt« hantiert, verkaufte sich gut – obwohl eben »die Rede von struktureller Gewalt keine Täter kennt, nur Opfer. Sie erklärt nichts, weil sie soziale Abhängigkeitsverhältnisse mit Gewalt verwechselt.« (Jörg Baberowski) Kluges hatte Lessenich fallweise im Angebot, etwa die Abgrenzung der Soziologie von Sozialtherapie und Morallehre. Dem blinden Fleck der Linken entkam er nicht. Lessenich übersah, dass die nachparadiesische Menschheit jenseits des Kapitalismus bisher keine Gesellschaft zustande brachte, in der die Freiheit des Einzelnen fester verbürgt gewesen wäre.

Wo das Müssen der Anderen gemeint ist, lauert fast immer eine Anmaßung, oft sogar die Heuchelei der »Tugendschurken« und »Tugend-Hausierer« (Nassim Nicholas Taleb). Wo Minister Müller fordernd referiert, »das Bewusstsein muss gestärkt werden, dass jeder Einzelne zu einer gerechteren Welt beitragen kann, zu einer Welt ohne Hunger und mit guten Entwicklungsmöglichkeiten für nachfolgende Generationen«, wird aus Politik eine Heilslehre. Trotz der UN ist eine »Welt ohne Hunger« illusionär. Man müsste die Willensfreiheit abschaffen und die Demokratie und zudem eine Globalregierung installieren für die eine »Weltinnenrepublik«, deren Zeit nicht nur die SPD gekommen sieht. Um solche Utopien wahr werden zu lassen, braucht es eine derart harte Hand, dass sie, kaum in Wirklichkeit erschienen, zu Dystopien würden. Der Weg in die Hölle ist mit himmlischen Versprechungen gepflastert.

Man muss nicht so weit in die Provokation ziehen, wie es der Wirtschaftspublizist René Zeyer tat, als er Brechts Dogma umdrehte, seinem Buch den Titel »Armut ist Diebstahl« gab und darin unter anderem darlegte, dass Brechts Dichotomie vom armen und reichen Mann auf Umverteilung hinauslaufe, wodurch sich freilich die Armut nicht besiegen lasse; »dann ist es so, dass ein Armer nicht zuletzt deswegen arm ist, weil er mit Geld nicht umgehen kann.« Die Gegenthese stammt vom neomarxistisch inspirierten Papst Franziskus, der 2017 einen jährlich zu begehenden »Welttag der Armen« einführte und zu diesem Anlass in der Armut »die Frucht sozialer Ungerechtigkeit« sah »sowie moralischen Elends, der Habgier weniger und der allgemein verbreiteten Gleichgültigkeit«. Die Gegenthese zur Gegenthese in diesem virtuellen Schlagabtausch findet sich wiederum bei Zeyer: »Letztlich ist also die Verknüpfung des Abstraktums Gerechtigkeit mit dem Abstraktum Armut ein philosophisches Luftgefecht, ohne Erkenntnisgewinn, nicht beweisbar, ein Wortgeklingel.« Zeyer versteht unter Gerechtigkeit eine »innere Eigenschaft«, eine Tugend.

Natürlich ist der persönliche Einsatz gegen unverschuldete Armut nobel und sinnvoll, natürlich muss eine Gesellschaft darauf achten, dass Armut nicht überhand nimmt und zum Nährboden für Gewalt oder politischen Extremismus wird. Es gibt tatsächlich einen Reichtum, der zum Himmel stinkt, und eine Armut, die ein entsetzliches Unrecht ist. Darum ist die Nachricht, dass seit 1990 die Zahl der Menschen in extremer Armut um etwa 1,4 Milliarden insgesamt fiel, wunderbar.

Arme wird es immer geben, das prophezeite schon Jesus Christus (Mt 26,11). Ebenso realistisch war Papst Leo XIII., der in seiner Sozialenzyklika »Rerum novarum« aus dem Jahr 1891 schrieb: »Es werden immerdar in der Menschheit die größten und tiefgreifendsten Ungleichheiten bestehen. Ungleich sind Anlagen, Fleiß, Gesundheit und Kräfte, und hiervon ist als Folge unzertrennlich die Ungleichheit in der Lebensstellung, im Besitze.« Die verordnete Gleichheit ist kein erstrebenswertes Ziel, denn sie brächte die totale Unfreiheit. Ein Blick in die Geschichte zeigt es.

Der manichäische Glaubenssatz von Brecht & Co. trügt mehr, als dass er erhellte. Die gerade und kausale Linie, die von der Armut der Einen zum Reichtum der Anderen und retour führte, gibt es nicht. Wer – zu Recht – Differenzierung fordert und sich gegen einfache Antworten auf komplexe Fragen sperrt, kann nicht den schlichtesten aller Scheinzusammenhänge als tiefe Erkenntnis ausgeben.

KAPITEL 10

»Menschlichkeit kennt keine Obergrenze«

Dieser Satz leuchtet unmittelbar ein und ist doch falsch. Als Mensch menschlich handeln gegenüber anderen Menschen: Wollte diesem Maß wirklich jemand eine Grenze setzen? Gibt es eine Höchstmenge an Tränen, die zu trocken sind? Trägt das Leid des anderen, das nach Linderung schreit, eine Zahl in sich, wider die nicht verstoßen werden darf? Tickt die Uhr, wenn Wunden verbunden werden, und verlangt an einem ganz bestimmten Punkt das Ende tätiger Sorge? Wer hat das Recht zu sagen, bis hierher und nicht weiter, nun muss fremdes Elend uns kaltlassen? Hat Bundespräsident Frank-Walter Steinmeier nicht ultimativ recht, wenn er in seiner Rede zum Tag der Deutschen Einheit 2017 darlegt: »Die Not von Menschen darf uns niemals gleichgültig sein«? Menschlichkeit, hören wir überall, könne keine Obergrenze haben, weil es nie ein Zuviel an Tugend gibt und an Nächstenliebe und Barmherzigkeit. Wer Mensch bleiben will, der müsse sich immer menschlich verhalten.

Indes: Es ist die Rede von einer »Obergrenze«, keiner Grenze, und diese Obergrenze war 2015 bis 2017 in fast aller Munde. »Obergrenze« deutet auf die zugespitzte, auf die nach oben hermetisch abgedichtete Grenze. Sie suggeriert ein Szenario, in dem Menschen gezählt werden wie Waren und willkürlich eine Linie gezogen wird zwischen denen, die drin sind oder rein dürfen, und denen, die draußen sind oder draußen bleiben müssen. »Obergrenze« führt Unbarmherzigkeit im Gepäck. »Obergrenze« ist das Mittel der Wahl, um Menschen zu segregieren, zu selektieren, zu verdinglichen. »Obergrenze« meint den Soldaten, der abweist, den Polizisten, der den Schlagbaum sinken lässt, die Zugbrücke, die den Zugang zur Festung regelt. So klingt »Obergrenze«.

Der dramatische Begriff verbindet zwei deutsche Sonderwege, einen juristischen und einen moralischen. Den juristischen Sonderweg fixiert das deutsche Grundgesetz, den moralischen die Politik samt einem Trabantenzirkel aus Medien, Kirchen, Vereinen, Lobbyverbänden. Zusammen wird daraus ein Satz wie dieser: »Das Grundrecht auf Asyl für politisch Verfolgte kennt keine Obergrenze; das gilt auch für die Flüchtlinge, die aus der Hölle eines Bürgerkriegs zu uns kommen.« Die Aussage Angela Merkels vom 11. September 2015, also eine Woche nach ihrer Grenzöffnung respektive Grenzenschließungsverweigerungsmaßnahme, basiert auf einer korrekt referierten Bestimmung des Grundgesetzes. In Artikel 16a, Absatz 1 heißt es, »politisch Verfolgte genießen Asylrecht.« Da steht keine Mengenbegrenzung. Wer politisch verfolgt wird, wo und von wem auch immer, der hat zunächst einmal Anspruch auf Asyl in der Bundesrepublik Deutschland: eine weltweit nahezu einzigartige Generosität, von der Bundeszentrale für politische Bildung in die Worte gefasst, es handele sich hierbei um ein »im internationalen Vergleich weitreichendes Grundrecht auf dauerhaften Schutz«.

Wie kam es dazu? Nach der Katastrophe des Zweiten Weltkriegs verkündeten die auf dessen Trümmern gegründeten Vereinten Nationen in ihrer »Allgemeinen Erklärung der Menschenrechte von 1948, »jeder Mensch« habe »das Recht, in anderen Ländern vor Verfolgungen Asyl zu suchen und zu genießen.« Doch Papier ist geduldig, und insbesondere das in hoher Frequenz ausgestoßene Resolutions- und Appell- und Verurteilungspapier der Vereinten Nationen ist es, notgedrungen. Aussagen der UN sind Thesen auf unsicherem Grund, die Bindekräfte nur dann entfalten können, wenn Regierungen und Parlamente sie in nationales Recht umsetzen. Darum werden die edelsten Reden am Hauptsitz der UN in New York gerne von Machthabern gehalten, die in ihrem eigenen Verantwortungsbereich die Vereinten Nationen einen guten Mann sein lassen.

Peter Sloterdijk weist in seinem Aufsatz »Von pseudonymer Politik«, erschienen 2018, darauf hin, dass »fast alle politischen Staaten, die unter den 195 Mitgliedern der United Nations Organization figurieren, darum bemüht sind, sich irgendwie ins Spektrum der möglichen ›Demokratien‹ einzuordnen. (…) Unter den Mitgliedern der Vereinten Nationen finden sich nahezu zwei Drittel, die man als Wahl-Despotien bezeichnen dürfte, sofern es nicht gerade Erb-Despotien sind wie Syrien und Nord-Korea. Die hartnäckigsten Diktaturen bemänteln sich mit gefügigen Parlamenten sowie mit scheindemokratisch konstituierten Regierungen.«

Die Bundesrepublik Deutschland, deren Vorläuferstaat als Kriegsverursacher noch eben ein Paria gewesen war, bemühte sich um rasche Ratifizierung und formulierte bereits 1949 im Grundgesetz, »politisch Verfolgte genießen Asylrecht«. Der Parlamentarische Rat wollte damit laut eigener Aussage einen »bewussten Bruch« vollziehen mit der »nationalsozialistischen Vergangenheit, die millionenfach zu Tod, Flucht und Vertreibung geführt hatte«. Laut der Bundeszentrale für politische Bildung war jedoch ein anderer Aspekt »noch stärker bestimmend (…): Die Mitglieder des Parlamentarischen

Rates gingen davon aus, dass der größte Teil derjenigen, die das Asylrecht im Westen in Anspruch nehmen könnten, aus der Sowjetischen Besatzungszone käme.« An ein innerdeutsches Asylrecht für Opfer des Kommunismus war gedacht, keineswegs an die Aufnahme weit gereister Männer aus fremden Kulturräumen.

Insofern ist die Frage berechtigt, ob das deutsche Asylrecht des Grundgesetzes den Anforderungen der großen Völkerwanderung des 21. Jahrhunderts standzuhalten vermag. Zumal im Licht der Erfahrung, dass der einschränkende Zusatz von Artikel 16a, Absatz 2 der hunderttausendfachen Einreise faktisch nicht entgegenstand, nicht entgegensteht: »Auf Absatz 1 kann sich nicht berufen, wer aus einem Mitgliedstaat der Europäischen Gemeinschaften oder aus einem anderen Drittstaat einreist, in dem die Anwendung des Abkommens über die Rechtsstellung der Flüchtlinge und der Konvention zum Schutze der Menschenrechte und Grundfreiheiten sichergestellt ist.« Demnach dürfte sich streng genommen auf das Asylrecht nur berufen,wer Deutschland auf dem Luftweg erreicht. Ebenso streng genommen liefert die »Hölle eines Bürgerkriegs« (Merkel) nur dann einen Asylgrund, wenn zugleich individuelle politische Verfolgung vorliegt. Die bloße Tatsache einer kriegerischen Auseinandersetzung – wie schlimm und bitter diese auch sein mag – ist im Asylrecht kein hinreichender Grund. Differenzierung freilich und juristische Abwägung taugten im heißen Herbst des Jahres 2015 zur sozialen Ausgrenzung. Der moralische (und mit ihm der rhetorische) Sonderweg schien der einzig gangbare Boulevard zu sein, Parkstraße und Schlossallee in einem.

Legion ist die Liste derer, die aus der bedingten Aufnahme für einen bestimmten Personenkreis, wie sie das Grundgesetz vorsieht, auf eine Pflicht zur unbegrenzten Aufnahme aller, die sich Flüchtling nannten, schlossen und weder nach der Art der erlittenen oder behaupteten Bedrohung noch nach dem Verlauf der Migration fragten. Geschweige denn nach finanziellen und sozialen Folgekosten. Menschlichkeit sieht keine einschränkende Bedingung vor: gottlob. Wo jedoch ein individuelles Gebot staatliches Handeln binden soll, gibt es Grenzen des Vernünftigen. Individualmoral und die Normen der Allgemeinheit sind nicht zwingend identisch. Was dem Ich alternativlos erscheint, ist der Gesellschaft eine Alternative und dem Staat eine Option.

So schlug in einem bizarr anmutenden Ringtausch der Motive die hohe Stunde christlicher Rhetorik. Der barmherzige Samariter und der heilige Martin wurden die Referenzstars der Stunde. Dass Barmherzigkeit ohne Klugheit tollkühn wird und individuelle Tugend nicht zur Staatsräson taugt, geriet aus dem Fokus. Auch der Primärtext gibt dergleichen Moralakquise nicht her. Martin von Tours schenkte den eigenen Mantel zur Hälfte dem einen Armen, der seinen Weg kreuzte. Er wies nicht seine Angestellten an, auf ihre Mäntel zu verzichten – das wäre das umverteilende Sozialstaatsmodell unserer Tage –, und er entledigte sich nicht seiner ganzen Bekleidung, um sich frierend besser zu fühlen – das wäre das Modell des publicityaffinen Ego-Influencers und Moralvirtuosen der Netzwerkgesellschaft. Mildtätigkeit, zeigt zumindest Martins Beispiel, ist christliche Bringschuld des Einzelnen, nicht des Staates oder anderer zwischengelagerter Institutionen, und sie gilt dem unmittelbar Nächsten, nicht dem in weiter Ferne tatsächlich oder möglicherweise Betroffenen. Das kann man anders sehen, aber man sollte sich dann nicht auf den Heiligen aus Tours berufen.

Wie man auch im politischen Nahkampf nicht den barmherzigen Samariter heranziehen sollte, um Kritiker der »Refugees welcome«-Fraktion der Kaltherzigkeit zu zeihen. Der Mann aus Samarien wurde deshalb sprichwörtlich, weil er im Gleichnis Jesu einen Mann, der unter die Räuber geraten war, aus »Mitleid« verarztete, ihn »auf sein eigenes Reittier« hob, zu einer Herberge brachte und dem Wirt »zwei Denare« gab, damit dieser für ihn sorge; »und wenn du mehr für ihn brauchst, werde ich es dir bezahlen, wenn ich wiederkomme.« Es war das eigene Geld, das eigene Tier, und es war eine einmalige Unterstützung in klar befristeter Notlage. Nach seiner Genesung würde der Mann die Herberge verlassen. Der Samariter sagte nicht zu dem Mann, er möge bei der Gemeindeverwaltung einen Antrag stellen auf Entschädigung aus dem Sonderfonds für Raubopfer; er sagte dem Wirt nicht, er solle den Mann dort dauerhaft wohnen lassen; er baute kein Haus für den Mann, dessen Frau, die jetzigen und die künftigen Kinder, und er hätte dieses nie gebaute Haus gewiss nicht der Kommune von Samarien in Rechnung gestellt. Er folgte seinem eigenen humanitären Imperativ, ohne auf irgend jemanden Nebenkosten abzuwälzen.

Auf eine solche explizite Moral bewegten sich jedoch die rhetorischen Großversuche im heißen Herbst 2015ff. zu. Vergleichsweise zahm erklärte Hans-Dietrich Genscher noch im September 2015, »für Menschlichkeit gibt es keine Grenzen, auch keine Obergrenzen«, während Gerhard Ulrich, Landesbischof der Evangelisch-lutherische Kirche in Norddeutschland, in seiner Weihnachtspredigt 2015 theologische Versatzstücke unter hohem Moraldruck zu einer neuen Drohbotschaft verband: »Gott, der Mensch wird in der Krippe, kennt keine Obergrenzen, wenn es um die Elenden geht. Er sendet uns zu denen, die im Finstern sitzen. Und auch zu denen, die in Ängsten sind um ihre eigene Zukunft angesichts der Flüchtlinge im Land: Das ›Fürchtet euch nicht!‹ gilt auch ihnen, soll auch ihnen ausgerichtet werden: Fürchtet euch nicht vor Veränderungen, vor dem Fremden.« Und, tumber noch: »Das Kreuz Christi weist auf den hin, der ans Kreuz genagelt worden ist, weil er für eine offene Gemeinschaft gelebt hat (...). Christus hat keine Angst vor dem Fremden; er lebt die Integration und den Respekt vor dem Anderen und seiner oder ihrer Kultur.«

Wo soll man da anfangen, wo enden? Mit dem zarten Hinweis, dass Gott und Staat nicht dasselbe sind? Dass Jesus nach allgemein christlicher Lehre in die Welt kam, um die Menschen von ihren Sünden zu erlösen, nicht, um im antiken Vorderasien eine »offene Gemeinschaft« zu begründen? Dass er nicht den Weg zur gelingenden Integration, sondern jenen in den Himmel zeigen wollte? Dass die Begriffe des 21. Jahrhunderts keine Wirklichkeit vor 2000 Jahren beschreiben können? Dass hier jemand sein geistliches Amt missbraucht, um an Weihnachten Reklame zu machen für die eigene Windschnittigkeit? Womöglich auch aus Sorge um die Einnahmeseite kirchensteuergestützter Sozialunternehmen? Ach, lassen wir das.

Von diesem Sound konnten Kirchenleute, die sich quasi über Nacht vor großes Publikum gestellt sahen, nicht genug bekommen. Die ganze Öffentlichkeit erschien plötzlich als eine Kanzel. Und also bekam sie Kanzelpredigten sonder Zahl zu hören, in Talkshows, in

Interviews, in Aufsätzen. Foren öffneten sich, die bisher als säkulares Sperrgebiet gegolten hatten. Ein Theologe aus Münster verstieg sich zur Formel, es obliege den »Geflüchteten, unseren Gesellschaften Menschlichkeit abzuzwingen,« und es sei Aufgabe der »ChristInnen (…), das Recht auf Bewegungsfreiheit zu verteidigen und zugleich weltweit die Möglichkeit für Menschen durchzusetzen, dort zu bleiben, wo sie am liebsten sind.« Freilich führte diese planetarische Moralerzwingung dazu, dass nichtchristlichen Nichtgeflüchteten und allen, die diese Schwerpunktsetzung nicht teilen, erhebliche Geldmittel abgezwungen werden müssten. Freiheiten der Ansässigen müssten kassiert werden, um die »Bewegungsfreiheit« der Ankommenden zu finanzieren.

Die katholische Caritas, laut eigener Aussage der größte soziale Arbeitgeber in Deutschland, warb zur Zeit der Bundestagswahl 2017 für sich mit dem Slogan »Mitgefühl kennt keine Obergrenze«, die nordrhein-westfälischen Grünen schritten zur Landtagswahl desselben Jahres mit der Aussage »Nur mit Grün kennt Menschlichkeit keine Obergrenze. (…) Wir Grüne verstehen uns als klare Stimme für Menschlichkeit und Haltung.« Die WählerInnen entwickelten hierfür kein hinreichendes Verständnis und bescherten den Grünen ein drastisches Minus von 11,3 auf 6,4 Prozent. Dem Slogan schadete das nicht. »Menschlichkeit sollte keine Obergrenze kennen«, bekräftigte wenig später Katrin Göring-Eckardt und berief sich auf ihre Religion: »Ich habe das mit dem Christentum bisher anders verstanden, Herr Seehofer. Nämlich, dass Nächstenliebe keine Obergrenze hat!« Auch hier werden planvoll individuelle Tugend und Staatsräson vertauscht, die eigene Moral und das Allgemeinwohl, das persönliche und das fremde

Geld. Der FDP-Vorsitzende Christian Lindner weiß um all dies und reihte sich dennoch im September 2018 ein in den Chor der täuschenden Vertauscher: »Humanität hat keine Obergrenze«.

Letztlich ist die scheinkluge Aussage, Menschlichkeit kenne keine Obergrenze, ein Versuch, den humanitären Imperativ auf die gegenwärtige Migrationsdebatte anzuwenden. Und diesen Imperativ gäbe es nicht ohne die Frauen von Castiglione und die zerschmetterten Gebeine von Solferino. Damals, bei dem italienischen Städtchen Solferino, ereignete sich »ein wirklich europäisches Unglück«. Man schrieb den 24. Juni 1859. Im Gemetzel zwischen den Truppen Napoleons III. und Franz Josephs I. trug sich zu, woran Joseph Roth sein Hauptwerk »Radetzkymarsch« knüpfen sollte: jene laut Roth grausige »Schlacht, die zum ersten Mal den Untergang der kaiser- und königlichen Monarchie angekündigt hatte.« Das österreichische Heer wurde geschlagen, fast 100.000 Soldaten auf beiden Seiten fanden sofort oder mittelbar den Tod. Roths »Held von Solferino«, der melancholische Leutnant Trotta, rettete dem Kaiser das Leben. Nur »das linke Schlüsselbein Trottas war zerschmettert.«

Die Spur des humanitären Imperativs führt direkt nach Solferino. Nicht unbedingt zur romanhaften Verdichtung und poetischen Ergänzung durch Joseph Roth, der Trottas reale »Angst vor der unausdenkbaren, der grenzenlosen Katastrophe, die ihn selbst, das Regiment, die Armee, den Staat, die ganze Welt vernichten würde«, teilte – wohl aber zu den tatsächlichen Exzessen dieser Sommerstunden des Jahres 1859. Bevor nämlich der humanitäre Imperativ ausformuliert werden konnte, im späten 20. Jahrhundert, musste die Idee der humanitären Hilfe geboren und praktisch geworden sein. Es musste ein gesamteuropäisches Bewusstsein geschaffen werden, dass Tote und Verwundete keiner Nation mehr angehören, sondern der Partei der Menschheit. Und dass diese unparteiische Partei den Opfern von Kriegs- und Naturkatastrophen Hilfe angedeihen lassen muss, uneigennützig, unpolitisch, prinzipiell.

Oder sollten wir statt nach Solferino noch weiter in die Vergangenheit und bis nach Lissabon blicken? Nachdem dort im November 1755 ein Erdbeben fast die ganze Stadt zerstört hatte, entwickelte sich eine der ersten europäischen Hilfsbewegungen. Ein ganzer Kontinent war erschüttert. Der Schweizer Völkerrechtsphilosoph Emerich de Vattel sprach von humanitären Pflichten, die es zu befolgen gelte, offices d'humanité. Europäische Solidarität sei auch dann geboten, wenn ein Land von einer Hungersnot heimgesucht werde. Keine »zivilisierte Nation« dürfe sich verweigern. Emerich de Vattel und die sich formierende humanitäre Denkschule wollten den Durchbruch zur angewandten Philosophie schaffen, in der Nachfolge eines Cicero, der die Hilfe an Notleidenden ausdrücklich in den Bereich der Gerechtigkeit, nicht der Moral gerückt hatte. Das Naturrecht wies Cicero ebenso den Weg wie de Vattel, das Christentum konkretisierte es.

Emerich de Vattel hatte in Genf gewirkt, der späteren Geburtsstadt eines »einfachen Touristen«, der zur richtigen Zeit am richtigen Ort war, am schlimmsten Schlachtfeld. Henry Dunant beschreibt in seinen »Erinnerungen an Solferino« nicht nur »ein wirklich europäisches Unglück«, sondern Szenen aus der Hölle: »Österreicher und Alliierte töten einander auf den blutigen Leichnamen, sie morden sich mit Kolbenschlägen, zerschmettern sich das Gehirn, schlitzen sich mit Säbeln und Bajonetten die Leiber auf. (...) Selbst die Verwundeten verteidigen sich bis zum Äußersten; wer keine Waffen mehr besitzt, fasst seinen Gegner an der Gurgel und zerfleischt ihn mit den Zähnen.« Tags darauf im Juni 1859 geht das Sterben weiter, denn es mangelt an Wasser und Pflege allerorten.

Henry Dunant war Realist, nicht Pazifist. Er wusste, die Menschen werden immer »fortfahren, sich gegenseitig zu töten, ohne sich zu hassen«. Gerade darum sei es eine »Pflicht der Menschlichkeit«, auf den Schlachtfeldern und in den Spitälern »so vielen Menschen als nur immer möglich Hilfe zu leisten«. Humanität, Zivilisation und Christentum verlangten es. Dunant rief dazu auf, »freiwillige Hilfsgesellschaften zu gründen, deren Zweck es ist, die Verwundeten in Kriegszeiten zu pflegen oder pflegen zu lassen.« Bereits 1863, ein Jahr nach Erscheinen der »Erinnerungen«, konnte Dunant in Genf die Gründung der Vorgängerorganisation des Internationalen Roten Kreuzes feiern, des »Internationalen Komitees vom Roten Kreuz«. Der Geist der Frauen von Castigliano, die die Verwundeten von Solferino unbeschadet ihrer Nationalität versorgt hatten, war zum Eckstein eines neuen Humanitarismus geworden. Vier Punkte machten diesen aus – zusammengefasst von Ulrike von Pilar, der langjährigen Geschäftsführerin der deutschen Sektion der Hilfsorganisation »Ärzte ohne Grenzen«: »Es gibt keine guten und bösen Opfer. (...) Hilfe kann nur von einer permanenten, professionellen Organisation geleistet werden, die in jedem Fall von beiden Kriegsparteien akzeptiert werden kann und deshalb auf Hilfe spezialisiert und unabhängig sein muss (...). Das Recht der Verletzten auf Schutz und Hilfe und das

Mandat dieser Organisation müssen völkerrechtlich (...) garantiert werden. Die Neutralität des medizinischen Personals und der Lazarette.«

Es sollten noch 131 Jahre vergehen, bis aus diesem Impuls ein Imperativ werden sollte – doch die Entwicklung war unumkehrbar, im Licht wie im Schatten. Die Hoffnung, in Kriegszeiten ließe sich das menschliche Minimum sichern, trog. Den totalen Kriegen des 20. Jahrhunderts war mit dem spirituellen Überschuss der Humanitären nicht beizukommen. Seit Beginn und bis heute ist die Suche nach einem globalen Geist des Helfens selbst ein geistiges, ein auf Transzendenz zielendes Unterfangen. Darauf weist Michael Barnett in seinem Standardwerk »Empire of Humanity. A History of Humanitarianism« (2011) überzeugend hin: »Humanitarismus beginnt und endet mit Glaube, erhält sich und wird erhalten durch Glaube.«

Der Politologe von der George Washington University führt die humanitäre Grundhaltung, fremden Menschen in entfernten Ländern – längst nicht mehr nur Opfern direkt vor Augen – helfen zu wollen, auf den Glauben zurück, »dass es etwas Größeres als uns gibt.« Er zieht den Philosophen William James (1842 – 1910) zu Rate und entdeckt hinter der humanitären Idee die Überzeugung, dass sich die rasenden Szenen der Welt »in eine imaginierte Totalität integrieren lassen, die wir Universum nennen.« Dieser Idee entsprechen universale Ideen – wenngleich sie, bei Lichte betrachtet, westliche, im Kern europäische Werte sind.

Von diesem Dilemma ist der Humanitarismus getragen, ihn aktualisieren heute Peter Altmaier, Angela Merkel, Kofi Annan, Ban Ki-moon, António Guterres, und an diesem Zwiespalt ging in der Zwischenkriegszeit der abermals in Genf gegründete Völkerbund zugrunde. Dessen »messianischer Zungenschlag« konnte nicht verbergen, dass er »Sprößling der anglo-amerikanischen Demokratie« war – so der Historiker Heinz Gollwitzer. Wie heute die Anwälte des humanitären Imperativs setzten damals, Gollwitzer zufolge, die »Völkerbundsideologen auf die öffentliche Meinung, die ›pressure of publicity‹,« damit das »Bewusstsein von einem allgemeinen Menschheitszweck« entstehe. Dazu aber kam es nicht. Bis in die 1990er Jahre.

Nach dem Ende des Kalten Kriegs war die theoretisch saubere Trennung von Staaten und »freiwilligen Hilfsgesellschaften« (Dunant) endgültig Geschichte. Staaten wurden an der Seite von NGOs zu interessierten Subjekten der humanitären Hilfe. Ein Bundesverteidigungsminister namens Rudolf Scharping bezeichnete sogar die Bundeswehr als größte humanitäre Organisation Deutschlands – nur um den Preis der Ungeschichtlichkeit und des begrifflichen Relativismus' ist eine solche Rubrizierung zu haben. Der maßstabsetzende »Code of Conduct«, den 1994 Internationales Rotes Kreuz und Roter Halbmond veröffentlichten, besagt im ersten von zehn Paragraphen: »Der humanitäre Imperativ hat oberste Priorität. Das Recht, humanitäre Hilfe zu erhalten und anzubieten, ist ein fundamentales humanitäres Prinzip, das alle Bürger aller Länder genießen sollten.« Grenzenlosigkeit und Voraussetzungslosigkeit sind Programm. Ein unbedingtes Recht soll es sein, keine Gnade – als hätte Cicero die Stichworte geliefert. Drei Jahre später baute eine sehr konkrete »Latrinen-Ethik« (Hugo Slim) darauf auf. Gemeint sind die um sauberes Wasser wie bei Dunant, um Nahrung, Hygiene, Gesundheit kreisenden »Minimalstandards« der Katastrophenabwehr, wie sie das internationale NGO-Projekt »Sphere« 1997 entwarf. Von diesem stammt auch die »Humanitäre Charta«, die den »Glauben an den humanitären Imperativ« bekräftigt und eine Sprache des Rechts wählt, um »Staaten und andere Parteien« zu binden.

Um welche Sorte Imperativ aber handelt es sich? Ist es wirklich, mit Kant gesprochen, ein kategorischer, der immer, überall und ohne jeden Zweck außerhalb seiner selbst gelten muss? So ist's gedacht, so kann es praktisch kaum sein. Nicht zuletzt deshalb, weil durch die Einbindung der Staaten nationale neben allgemein menschliche Interessen treten, Politik neben Philanthropie. Der Humanitarismus hat seine Unschuld verloren, hat sie laut Barnett nie gehabt, ist er doch seit dem 19. Jahrhundert ein abgründiges, ein geradezu dämonisches Zugleich von »care and control«, von Sorge und Kontrolle, Nothilfe und Abhängigkeit. Wer im Namen universeller Werte zu wissen meint, was für den anderen, den Hilfeempfänger, am besten ist, den treibt womöglich »ein Gefühl der Macht und Überlegenheit oder der Schuld«, oder er will »sein Gut-Sein sich und anderen beweisen«. Er hat die alte philosophische Frage, wie wir leben sollen, für sich beantwortet und gibt diese Antwort vor. Der humanitäre Imperativ ist somit eher, ebenfalls mit Kant gesprochen, ein hypothetischer Imperativ. Er ist an Bedingungen und Zwecke geknüpft. Er gilt praktisch in den Grenzen der eigenen Absichten.

Davon zeugen die Aussagen seiner heutigen Apologeten. Als der damalige Chef des Bundeskanzleramts Peter Altmaier am 14. Dezember 2015 seiner Chefin heftig applaudierte, hatte er gerade sein eigenes Wording aus ihrem Munde vernommen. Angela Merkel hatte auf dem CDU-Parteitag in Karlsruhe erklärt, sie habe die Flüchtlinge aus Ungarn am 5. September nach Deutschland einreisen lassen, »das war eine Lage, die unsere europäischen Werte wie selten zuvor auf den Prüfstand gestellt hat. Ich sage, dies war nicht mehr und nicht weniger als ein humanitärer Imperativ.« Woraufhin Peter Altmaier energisch klatschte. Er selbst war es, der am 29. Oktober 2015 beim Berliner Nachhaltigkeitsdialog das begriffliche Junktim hergestellt hatte. Deutschland ließ die Flüchtlinge ins Land, »wir haben uns entschieden, nicht zu warten, bis alle in Europa auf dem gleichen Bewusstseins- und Entscheidungsstand sind. (...) Diese Krise ist ein humanitärer Imperativ, und wir werden eines Tages auch daran gemessen, wie wir mit diesem Imperativ umgegangen sind und ob wir vor dieser Herausforderung versagt haben oder ob wir uns ihr gestellt haben.«

Ergo sind die dämonischen Elemente des Humanitarismus beisammen: nationales Sendungsbewusstein, hierarchisches Denken und transzendente Tiefenspur – die Weltgeschichte als Weltgericht. Angela Merkel wiederholte am 29. Februar 2016 bei »Anne Will« ihr Bekenntnis zum humanitären Imperativ, bezogen auf ihre Entscheidung, in der Nacht vom 4. auf den 5. September 2015 die Grenzen zwischen Deutschland und Österreich für Nicht-EU-Migranten zu öffnen beziehungsweise: »Die Grenzen waren auf. Ich hab' sie nicht zugemacht. (...) Ich habe einfach das weitergemacht, was am Tag vorher mit Sonderzügen aus Ungarn sowieso schon passiert war.« Knapp vier Minuten später: »Also erstmal glaube ich, dass das in der Nacht ein – man kann's auch als humanitären Imperativ nennen – war. Zweitens war es aber auch in dem Gesamtkontext gar nicht so etwas Besonderes. (...) Im September sind am Tag vorher mit den Fahrkarten, die Viktor Orbán hat die Flüchtlinge kaufen lassen, Sonderzüge nach Deutschland gekommen. Und plötzlich hat er die Menschen mit Fahrkarten nicht mehr in die Züge gelassen, und sie haben sich persönlich auf den Weg gemacht. Und auch danach haben wir noch viele Flüchtlinge aufgenommen, die auch einfach kamen und die im Übrigen schon alle auf dem Wege nach Europa waren. Und deshalb war das richtig.« Im 14. Kapitel über Alternativlosigkeit kehrt dieses fatalistische, prinzipiell apolitische Argumentationsmuster wieder. Eine Entscheidung gilt als »richtig«, wenn sie Prozesse, die andere politische Akteure angestoßen haben, »einfach« geschehen lässt. Mit nationalen Interessen, nationaler Volkssouveränität hat Politik als rein passives Trendfolgemodell kaum zu tun.

Für UN-Generalsekretär Kofi Annan war 1999 »unser humanitärer Imperativ« die Aufgabe der Vereinten Nationen, »menschliche Sicherheit zu schaffen, wo sie nicht länger existiert, wo sie in Gefahr ist oder wo sie nie bestanden hat.« Wäre vollendete »menschliche Sicherheit« aber nicht jenes Paradies, aus dem sich die Menschen ein für allemal vertrieben haben, ist sie also irdisch unerreichbar? Für seinen Nachfolger Ban Ki-moon bestand 2013 »der humanitäre Imperativ der Vereinten Nationen« darin, dass »Menschen und Staaten zusammenarbeiten, um gemeinsam für Frieden, Gerechtigkeit, Würde und Entwicklung einzutreten.« Ban Ki-moon benannte auch »Teamwork« als größten Mangel auf der Welt.

Kein Superlativ, zeigt uns das, ist vor Entleerung durch inflationären Gebrauch gefeit. Hunger, Krieg und Seuchen müssen wir uns als mindergrößte Plagen vorstellen. Als Ban Ki-moon Anfang März 2016 Berlin besucht, schüttet er ein Füllhorn des Lobs über der Kanzlerin aus. Sie habe »Menschenrechte und unsere gemeinsame Menschlichkeit« verteidigt in einer Zeit, in der »viele Mauern bauen wollen und sich von Menschen in Not abwenden.« Merkel sei eine »wahre moralische Stimme, nicht nur Europas, sondern in dieser Welt. Sie hat große Führungsstärke und Verantwortung gezeigt als eine globale Führerin«, »as a global leader«.

Im Jahr 2014 ist der »Humanitäre Imperativ« das Motto auf dem Cover einer UN-nahen britischen Zeitschrift namens »New World.« Zu sehen ist die Hand einer dunkelhäutigen Frau, die einen Maschendrahtzaun umklammert oder niederreißt. No borders? No sovereignity? Um nichts Geringeres geht es beim humanitären Imperativ und beim Appell zur unbegrenzten Aufnahme von Migranten aus Gründen der Menschlichkeit: um eine neue Weltordnung. Der humanitäre Imperativ, wie er heute verstanden wird, ist kein naturrechtlich fundierter Appell an das Gewissen des Einzelnen, sondern eine politische Handlungsanweisung aus dem Geist des Internationalismus. Sie ergeht von Staaten, Regierungen, NGOs und soll diese wechselweise binden und verbinden. Ein Netz aus Kontrolle und Fürsorge soll entstehen.

Der humanitäre Imperativ des 21. Jahrhunderts ist ein hypothetischer, kein kategorischer Imperativ und als solcher das zentrale Tool, um den globalen Geist des Helfens zur einer universalen Ethik der Exekutiven zu weiten. Er ist zum Herrschaftsinstrument der Regierenden geworden. Und er ist letztlich Alchemie, will er doch wie diese die physische und die geistige Welt zusammenbringen. Damit etwas fundamental Neues entstehe. In dessen Umrissen stehen wir.

KAPITEL 11

»Angst hat man vor dem, was man nicht kennt«

Die Spinne hat ein Imageproblem. Jeder kennt sie, kaum einer mag sie. Meist sitzt sie lauernd in einer Ecke des Zimmers, bis ein Netz herabbaumelt. Schön ist der Anblick nicht unbedingt. Auch Spinnweben schätzt kaum jemand, zumindest in geschlossenen Räumen. Hinzu kommen die acht dünnen, aber langen und behaarten Beine, das lautlose Vorwärtsgleiten und ein, je nach Art, massiger bis zarter Körper. Je größer die Spinne gerät, auf desto weniger Zuneigung stößt sie. Die pelzige Vogelspinne macht wohl jedem Menschen Angst, zumal sie giftig ist. Die Angst vor Spinnen ist derart weit verbreitet, dass es einen Fachbegriff gibt, die Arachnophobie.

Für Menschen gefährlich sind die allerwenigsten Spinnen. Mehr als eine ästhetische Herausforderung sind sie kaum, und auch da gilt, dass die Geschmäcker verschieden sind. Spinnenfreunde kämpfen gegen den schlechten Ruf ihrer Lieblingstiere. Eine solche Spinnenfreundin ist die Schauspielerin Diana Amft. Eine ganze Kinderbuchreihe schrieb sie über »Die kleine Spinne Widerlich«, die ihr Los im Namen trägt. Es gibt das »Bauernhof-Mitmachbuch« und »Ferien auf dem Bauernhof«, einen »Ausflug ans Meer«, »Wundervolle Winterzeit«, »Das Geschwisterchen«, »Mein Babyalbum«, »Meine Kindergartenfreunde« und den jährlichen »Familienplaner«. Die von Martina Matos liebevoll und pfiffig illustrierte Buchreihe ist ein großer Erfolg. Begonnen hat sie 2011, ein Ende ist nicht abzusehen.

Im ersten Band begibt sich die Spinne, die freilich aussieht wie eine dicke Biene mit großem Menschengesicht nebst kesser Tolle und drolligen Kleinkindkulleraugen, aufrecht auf vier Beinchen und mit vier Ärmchen, auf Wanderschaft zu Freunden und Verwandten. Sie möchte herausfinden, »warum haben die Menschen Angst vor uns?«. Onkel Oskar, genannt Langbein, eine Spinne mit Schnurrbart, Stock, Zylinder und Krawatte, vermutet: »Die Menschen können nicht verstehen, wie wir mit unseren acht Beinen so elegant laufen können. Sie selbst stolpern ja schon über ihre eigenen zwei Beine.« Eine Kugelspinne namens Niesi erklärt: »Sie haben Angst vor uns, weil wir so leise sind. Sie können uns nicht hören. Plötzlich sind wir da, und dann erschrecken sie sich.« Cousine Bella – Nomen est omen – mit ihren rosafarbenen Klimperwimpern fügt hinzu: »Ich hab' gehört, dass sie uns nicht mögen, weil sie uns hässlich finden. Aber das kann ich mir nicht vorstellen.« Künstlerspinne Miro mit Menjou-Bärtchen und Baskenmütze erklärt: »Sie haben doch gar keine Angst vor uns. Sie bewundern uns! (...) Die Menschen finden unsere Kunstwerke wunderschön. Manchmal, wenn die Tautropfen an den Seidenfäden hängen, bleiben sie lange stehen und bestaunen unsere Häuser.« Gemeint sind die Spinnennetze.

Am Ende seiner Reise, die hier nicht vollständig wiedergegeben ist, kehrt der kleine Widerlich zur Mutter zurück. Die vielen unterschiedlichen Spinnenstimmen fasst er für sich zusammen: »Ich werde noch ein bisschen darüber nachdenken. Doch es scheint mir, dass man nur Angst hat vor dem, was man nicht kennt.«

Wegen dieser Moral erfand Diana Amft die Geschichte, die zur Serie wurde. Im Nachwort schreibt Amft, es sei »manchmal einfach gut, wenn man etwas, das man nicht mag, auch mal von der anderen Seite betrachtet. Man hat doch oft nur Angst vor Dingen, die man nicht kennt oder nicht versteht.«

Mit dem ersten Satz hat Amft Recht, und zwar sehr. Dinge von der anderen Seite zu betrachten ist der Königsweg zur Erkenntnis. Gerade dann, wenn diese Dinge Widerwille oder Ablehnung hervorrufen, nutzt ein solcher Blickwechsel – und sei es mit dem Ergebnis, dass man die eigene Position danach besser begründen kann, vor sich und vor anderen. Oder dass man sie modifiziert. Dennoch gibt es Grenzen der Einfühlung. Etwas nicht zu mögen, das einem schon geschadet hat, ist sinnvoll und klug und wird sich durch einen momentanen Standortwechsel nicht ändern.

Der zweite Satz Amfts passt nicht so recht zum ersten. Vor Dingen, die man nicht mag, hat man nicht generell Angst. Man kann die Gesellschaft gewisser Leute ablehnen, ohne sich vor ihnen zu ängstigen. Vielleicht nerven sie nur, sind überdreht oder sterbenslangweilig. All das löst keine Angstgefühle aus. Man will nur nicht seine Zeit vergeuden oder sich sehenden Auges in einen fruchtlosen Streit begeben. Auch die Schlusswendung ist heikler, als sie scheint, gerade weil sie spontan einleuchtet. Besagte Angst soll sich »nur« einstellen bei »Dingen, die man nicht kennt oder nicht versteht.« Denselben Gedanken gibt es auch, fast ebenso häufig, in der konkretisierten Form, Fremde seien Freunde, die man noch nicht kennt. Als gäbe es nichts Drittes zwischen Fremden und Freunden. Als könnte sich der Fremde nicht auch als Feind entpuppen.

Angst wird hier als Defizit betrachtet, als menschlicher Makel. Dass der Mensch Angst hat, wird anerkannt; dass es nicht so bleiben soll, wird gefordert. Angst erscheint in der Phrase, man habe sie nur vor dem, was man nicht kennt, als Kommunikationsstörung. Dem Ängstlichen fehle es an den entscheidenden Informationen über die Sache, vor der er sich ängstigt. Wenn er wüsste, suggeriert der Spruch, mit wem er es wirklich zu tun hat, was wirklich auf ihn zukommt, hätte er keine Angst mehr. Der Patient, dem man die Operation erklärt, fürchtet sich nicht mehr; der Schüler, der den Ablauf der Klausur genau kennt, sieht ihr gelassen entgegen: So müsste es sein, wenn die Theorie hinter dem Spruch stimmte. Fatalerweise existiert jedoch ein zynisches Gegenstück: Optimismus sei nur ein Mangel an Information. Doch ist die andere Phrase minder zynisch?

Wir hören sie so oft, dass wir keine argumentative Arbeit mehr an sie dreingeben. Sie leuchtet uns ein. »Ich habe mir immer vorgestellt«, schreibt Diana Amft, »dass die Spinnen auch eine Familie haben, einen kleinen Bruder oder eine Cousine, und dass sie vielleicht gerade auf dem Weg zu ihnen sind.« So habe sie ihre »große Angst vor Spinnen« überwunden. Vergleichung als Angsttherapie, Ähnlichkeitserfahrung wider den Schock der Differenz: Ein Weltbild verkapselt sich im Spruch. Zustimmungspflichtig ist es nicht. Valide wäre es, wenn das große Band der Ähnlichkeit alles Geschaffene zum schonenden Umgang miteinander provozierte. So ist es aber nicht. Die Geschichte der Menschheit erschöpft sich nicht in Filiationsprozessen. Sie ist mehr als Abstammungslehre und Austauschverlangen. Es gibt auch das fundamental Andere, das kategorial

Böse, das absolut Unverständliche. Familienbeziehungen schützen nicht vor Fremdheitserfahrungen. Familie ist ein Kreis, in dem man sich kennt, und gerade dort können Ängste wachsen. Eben weil man sich kennt, in seinen Aufschwüngen und Abgründen.

Dennoch erlebt die Kontakthypothese ihre hohe Zeit. Darunter versteht man die Überzeugung, die forcierte Nähe zu fremden Menschen trage dazu bei, Vorurteile abzubauen. Das kann so sein, das wäre zu begrüßen, das ist längst nicht immer so. Nähe kann erst recht desillusionierend wirken, kann verstören, kann gefährlich sein, kann ausgenutzt werden. Die Kontakthypothese stammt aus dem Jahr 1954 und den Vereinigten Staaten, wo damals der gemeinsame Unterricht von weißen und schwarzen Schülern eingeführt wurde – ohne Frage ein Zuwachs an Menschlichkeit. Die Kontakthypothese soll, so im September 2015 der Initiator eines offenen Briefs an die Bundesregierung, der Marburger Psychologe Ulrich Wagner, der Migrationsproblematik dienstbar gemacht werden. Flüchtlinge müssten gleichmäßig im ganzen Land verteilt werden, auch in Dörfern und Kleinstädten. Nur durch permanente Kontaktsituationen schwänden Vorurteile.

Die Kontakthypothese hat gewaltige Unterstützer an der Spitze von Politik, Kirchen, Medien. Der thüringische Ministerpräsident Bodo Ramelow von der Linkspartei diskutiert unter der Überschrift »Was man nicht kennt, fürchtet man« in einem evangelischen Bildungshaus über »Migrationsbewegungen, Fluchtursachen, Integrationsangebote«. Ramelow sagt auch: »Jede Abschiebung ist eine menschliche Niederlage für mich, jede Abschiebung« – ergo auch die rechtsstaatlich angeordnete Rückführung von ausreisepflichtigen Straftätern.

Der katholische Erzbischof Reinhard Marx sagt, durchaus in Übereinstimmung mit seinem Papst: »Je mehr Menschen sich begegnen, umso weniger Hass ist da. Und da, wo keine Begegnung mit dem Anderen da ist, ist die Fremdenfeindlichkeit am größten.« Also wären etwa die in den Anden lebenden indigenen Völker besonders fremdenfeindlich und hassgetrieben, während in den bunt gemischten Vierteln von Mumbai, Nairobi, Berlin nirgends »Angst vor dem Anderen« (Marx) herrschte. Glaubt das der Erzbischof wirklich?

Ein evangelischer Pfarrer aus dem hessischen Langen, den die »Frankfurter Rundschau« bereits im Oktober 2010 befragte, ist überzeugt: »Fakt ist, man hat Angst vor dem, was man nicht kennt. Wer keine persönlichen Kontakte hat, könnte dazu neigen, eine Muslima mit Kopftuch mit Islamismus und Djihad in Verbindung zu bringen. Wer indes Kontakte zu anderen Kulturkreisen hat, weiß, dass diese Leute dieselben Probleme wie man selbst haben.« Religionen zu Kulturen herabzustufen und an die Stelle theologischer Hermeneutik eine universalistische Anthropologie zu setzen, deutet auf protestantische Verkündigungsdilemmata jüngeren Datums. Fraglich scheint auch sehr, ob die jeweilige Problemlage einen Menschen hinreichend definiert. Wir alle schlagen uns mit irgendetwas herum. Und apropos: Trägt der am Tag der Deutschen Einheit platzierte »Tag der offenen Moschee« nachhaltig dazu bei, im Islam keine Konkurrenzveranstaltung zum Westen und zur nichtmuslimischen Mehrheitsbevölkerung zu erblicken, getreu dem Motto »Was man kennt, muss man nicht fürchten« (Ali Özgür Özdil, Islamwissenschaftler)?

Umstrittener, als es scheinen mag, ist die Kontakthypothese. Anders als sein Marburger Kollege Ulrich Wagner glaubt der Psychoanalytiker Rolf Haubl, stellvertretender Direktor des Frankfurter Sigmund-Freud-Instituts, nicht daran. »Die Fremdenangst« werde ein »Dauerproblem« bleiben, er könne sich »kaum eine Gesellschaft vorstellen, in der das nicht existiert«. Haubl hält es für fatal, wenn Angst keinen Platz mehr haben dürfe. Es werde zwar viel von ihr geredet, aber meist alarmierend, dramatisierend, wodurch »über das, was uns wirklich ängstigt, in der Regel nicht gesprochen wird. Da wird im Grund Angst tabuisiert.« Im »Lexikon Psychologie« von Jordan/Wendt (2010) heißt es, Angst sei ein »natürliches (...) Gefühl, das bei jedem Menschen auftritt«. Es handele sich um ein »automatisches, schnelles Alarmsignal, eine Reaktion auf bedrohlich beurteilte Ereignisse, erhöht die Aufmerksamkeit und ist nicht schädlich für die Gesundheit«.

Aufgrund ihrer Naturwüchsigkeit folgt im politischen Floskelmarathon gerne die Beteuerung auf den Fuß, »wir müssen die Ängste ernst nehmen«, fallweise auch »die Sorgen und Nöte«. Diese Form der auktorialen Ernstnahme mündet selten in neues Handeln. Man hört zu und hält fest. Man geht in das Gespräch, damit die Ängste verschwinden. Was kaum so rasch, so quasimagisch gelingen dürfte. Stellvertretend gibt der baden-württembergische Ministerpräsident Winfried Kretschmann von Bündnis 90/Die Grünen zu Protokoll, er habe »für die Ängste selbstverständlich Verständnis. Und die Politik hat die Aufgabe, solche Ängste ernst zu nehmen und zu zerstreuen.« Hat sie das? Wenn es Ängste sind, also gesundheitlich unbedenkliche, aufmerksamkeitssteigernde natürliche Alarmsignale – warum den Menschen diese Reaktion ganz und damit ein Stück ihrer Menschlichkeit nehmen wollen?

Im konkreten Fall des Interviews von Februar 2016 lautet die Antwort: Weil spezielle Ängste ein willkommenskulturell bedingtes Regierungshandeln erschweren. Kretschmann will Kritik an der Aufnahme und Ansiedlung von Migranten und Flüchtlingen entkräften. Sein Plädoyer für den Rechtsstaat sollte später leider weitgehend an der Realität zerschellen: »Wir nehmen in keiner Weise hin, dass Menschen das Asylrecht missbrauchen, indem sie schwere Straftaten begehen. Solche Leute haben ihr Bleiberecht verwirkt.« Es war gesprochen in den baden-württembergischen Landtagswahlkampf hinein.

Als Angstzerstreuungsmaschine bleibt Politik unter ihren Möglichkeiten. Verdient jede Kritik das Etikett der Angst? Ist Angst immer das, was aus dem Weg geräumt werden soll? Will die Politik den angstfreien, den neuen Menschen? Es wäre der kalte, der schonungslose Untertan. Falsch ist es zu sagen, Angst sei ein schlechter Ratgeber. Angst darf das menschliche Handeln nicht bestimmen, sonst drohen Panik und Psychose. Angst hat aber nicht nur dem Bergsteiger Reinhold Messner schon das Leben gerettet. Wer aus Angst gefahrvolle Situationen meidet, wer rechtzeitig die Beine in die Hand nimmt, kann in bedrängter Situation das einzig Sinnvolle tun.

Ein Narr, kein Held wäre, wer mit den Worten »ich habe keine Angst« Männern entgegenginge, die die Messer schon wetzen, Abhänge hinunterliefe, die ins Dunkle und Abschüssige führen. Wenn der damalige schleswig-holsteinische Ministerpräsident Torsten Albig (SPD) vom in der und durch die deutsche Migrationspolitik »verängstigen Bürgertum« spricht, klingt es, als wolle er »diesen Menschen« mit »ihrer Angst« auch ihre oppositionelle Haltung nehmen. Kühler argumentierte sein Parteifreund Wolfgang Thierse, als er vor der rhetorischen Inflation des Alternativlosen warnte. »Die Probleme« erschienen heute »so überwältigend (...), so bedrohlich, so komplex (...), dass nicht wenige Bürger auch Angst haben.« Daran hat sich nichts geändert.

Neben »Kindergarten« und »Blitzkrieg« gilt die Angst als deutsche Spezialität. »German Angst« kennt man weltweit. Als Angstpioniere erwiesen sich die Grünen. Das »Waldsterben« und der »saure Regen« beziehungsweise die Ängste vor beiden pflasterten ihren Weg zum Erfolg. Die Angst vor einer Atomkatastrophe, irrational angefacht, führte zur Hauruck-Energiewende, die Angst vor Glyphosat und dem amerikanischen Chlorhuhn als dem Symboltier für das Freihandelsabkommen TTIP trieb Massen auf die deutschen Straßen. Jeder heiße Sommer wird zum ultimativen Beweis der nahenden »Klimakatastrophe«, denn »dieses Wetter kommt eben nicht irgendwie zufällig oder vom Himmel« (Katrin Göring-Eckardt, Juli 2018). Der »ökologische Pessimismus« (Arthur Herman) braucht den Daueralarm, braucht grüne Angst- wie weiland wandernde Bußprediger.

Wenn es stimmt, dass wir noch oder wieder in einem »Zeitalter der Angst« leben, hat Deutschland gute Chancen auf einen nationalpsychologischen Spitzenrang. Peter Sloterdijk nennt W. H. Audens »The Age of Anxiety« von 1947 »das meistzitierte unter den ungelesenen Werken der Dichtung. (...) Tatsächlich wird das 20. Jahrhundert, von dem der Dichter in erster Linie spricht, mit den vorangegangenen Epochen durch ein Merkmal verbunden, das man das phobokratische Kontinuum nennen könnte.« Die Angst regiert. Die Angst bildet Herrschaftsformen aus. Es spricht wenig dafür, dass mit dem 21. Jahrhundert und nach 9/11 dieses Kontinuum beendet wäre.

Gerade deshalb verträgt sich die Denunzierung und Pathologisierung der Angst nicht mit einem klugen politischen Handeln. Wenn eine Umfrage des Meinungsforschungsinstituts Insa im September 2018 ergibt, dass 52 Prozent der befragten Deutschen »persönlich Angst vor einer ›Überfremdung‹ in Deutschland« haben, sogar 53 Prozent der FDP-Anhänger, dann wäre das politische Schnellrezept einer Angstzerstreuung durch Beharren, dass dem nicht so sei, unangemessen. Politik, die gerne erklärt, verstanden zu haben, sollte verstehen, dass die Resultate ihres Wirkens Ängste sein können. Ganz ohne Politikwechsel werden solche Ängste nicht schwinden – und nicht erkennbar als das, was sie oft sind: politische Einsprüche in nichtdiskursiver Form.

Zygmunt Bauman zufolge ist der Mensch in der Leistungsgesellschaft »eingezwängt zwischen der Unendlichkeit der angeblich zugänglichen Optionen und Versuchungen sowie der Grenzenlosigkeit der an den Einzelnen gestellten Ansprüche« einerseits und »den angesichts der schieren Größe dieser Herausforderung überaus mageren Ressourcen« andererseits, wie sie dem Einzelnen zur Verfügung stehen. Resultat sei eine »quälende Angst (...), die von der nur allzu offensichtlichen Unsicherheit des existenziellen Status ausgeht«.

In dieser Situation und in einer Gesellschaft, die auf einem stabilen Prekariat aufruht, kann sich, so Baumann in seinem Essay »Die Angst vor den anderen«, durch »heimatlose Neuankömmlinge« die sogenannte Mixophobie verstärken, die »Angst vor einem nicht beherrschbaren Ausmaß an Unbekanntem, nicht zu

Bändigendem, Beunruhigendem und Unkontrollierbarem«. Es ereignet sich demnach – ohne dass Baumann es guthieße – die Konfrontation verschiedener Grade an Unsicherheit und Überforderung. Die Heimischen kennen die Ungewissheit der Lage, die durch die Neuankömmlinge verstärkt wird. Sie kennen das existenzielle Ungenügen, das sich nun zuspitzt. Sie kennen die Schwierigkeiten, Kontrolle zu erlangen im und über ihr Leben, und wollen nicht in weiter ungeregelte Zustände driften. Sie kennen den Preis für ein Dasein in einigermaßen verlässlicher Sicherheit und wollen ihn nicht noch einmal entrichten. Wovon man noch nie gehört hat, kann keine Angst auslösen. Das völlig Unbekannte ist nicht, ist nicht einmal in Gedanken, und was nicht ist, kann nicht ängstigen.

Der Satz, man habe nur Angst vor dem, was man nicht kennt, ist ein dummer Satz.

KAPITEL 12

»Gewalt ist keine Lösung«

Die Kraft einer Phrase ist dann am größten, wenn man sie unwidersprochen verwenden kann, um ihr Gegenteil auszudrücken. Wenn von der Phrase ein Begriffszauber ausgeht, der immun ist gegen logische Einrede. Wenn die Phrase also eine Herrschaft eigenen Rechts errichtet, an deren Toren nur Einlass erhält, wer alle argumentativen Waffen fallen lässt. Insofern müssen wir uns »Gewalt ist keine Lösung« als wirkmächtigstes Beispiel von Sprachmagie vorstellen.

Am 13. Oktober 2018 fand in Berlin eine Demonstration statt unter dem Motto »Unteilbar. Solidarität statt Ausgrenzung.« Die Teilnehmerzahl war hernach wie bei jeder Demonstration umstritten, doch ob nun mehrere Zehntausend oder knapp eine Viertelmillion Menschen an einem warmen, sonnigen, strahlenden Samstag »gegen Rassismus« vom Alexanderplatz zum Brandenburger Tor marschierten und Musik genossen beim Gratiskonzert mit Herbert Grönemeyer, Christiane Rösinger, der Band »Die Ärzte«: Es war sehr viel los auf Berlins demonstrationsgewöhnten Straßen. Dass auch einige Israelfeinde und Linksextremisten dem Aufruf gefolgt und zudem Flaggen mit der Deutschlandfahne unerwünscht waren, trübte den Eindruck unwesentlich. Die Mobilisierungsfähigkeit des linken Teils der Zivilgesellschaft steht außer Frage.

Angemeldet worden war die Demonstration von einem 31-jährigen Berliner Anwalt, der in gerichtlichen

Auseinandersetzungen auch die Hausgemeinschaft der Rigaer Straße 94 vertritt, ein überregional bekanntes Zentrum der linken Besetzerszene. Lukas Theune gilt als »linker Szeneanwalt« und wird als solcher von der linken Berliner Tageszeitung »Die Tageszeitung« (taz) in einem Interview vom 12. Oktober 2018 tituliert. Er bekennt darin, dass er als minderjähriger Jugendlicher wegen »Landfriedensbruch und Vermummung« bei einer 1.-Mai-Demonstration zu 36 Sozialstunden verurteilt wurde. Heute möchte er »in einer Gesellschaft leben, die positiv aufeinander Bezug nimmt, in der die Leute versuchen, einander zu unterstützen, und nicht in Konkurrenz zueinander treten. Es wäre schöner, wenn alle Leute, die sich einbringen wollen, willkommen sind und wir alle zusammen gucken, wie wir es hinkriegen, dass alle ein schönes Leben haben.«

In diesem schönen Leben hat Gewalt ihren legitimen Ort – zumindest solange es Menschen gibt, die der Positivität und dem unbegrenzten Willkommen konkurrierend im Weg stehen. Anwalt Theune ist ehrlich genug es auszusprechen: »Wenn man ein Haus besetzt, muss man dabei möglicherweise auch mal ein Schloss knacken. Das finde ich verständlich, sonst kommt man ja auch nicht rein. Gewalt gegen Personen ist nichts, was ich toll finde.« Der Anwalt lehnt demnach Gewalt gegen Personen nicht grundsätzlich ab – manche finden die Musik von Lady Gaga nicht toll, ohne sie deshalb für verboten zu erklären –, und für Gewalt gegen Sachen hat er unter gewissen Umständen Verständnis, toleriert sie. Beides freilich sind Straftaten. Im Rechtsstaat sind sowohl das Eigentum als auch der Körper des anderen vor Übergriffen geschützt.

Anwalt Theune sieht es anders. »Gewalt gegen Sachen und Gewalt gegen Personen – das ist ein großer

Unterschied«, ergänzt er, ohne diesen Unterschied strafrechtlich auszuführen. Bloße Unterschiede sind bekanntlich nicht strafbewehrt. »Ein brennendes Auto oder eine kaputte Scheibe«, sagt er weiterhin, »mag man politisch richtig finden oder nicht. Für mich ist das nicht die Frage.« Ins freie Spiel des Abwägens und der subjektiven Einschätzung entlässt Theune so die Gewaltfrage. Wenn die Autos anderer Leute und die Fensterscheiben anderer Leute in politischer Absicht zerstört werden, heißt das, sind solche Zerstörungen unter Umständen legitim.

Ein einziges Tabu wird im »taz«-Interview benannt. »Ein Kinderzimmer anzugreifen geht gar nicht.« Der zweifache Familienvater und Hobbyfußballer sieht demnach auch hier einen abwägungsoffenen Handlungsraum. Zimmer, in denen erwiesenermaßen keine Kinder sich aufhalten, vielleicht Arbeitszimmer von Immobilienbesitzern oder Schlafzimmer von kinderlosen Politikern politisch konkurrierender Weltanschauung sind vom linken Zerstörungsverbot, wie es hier entwickelt wird, nicht ausdrücklich betroffen.

Gewalt, wie Lukas Theune darlegt, wird als Gegengewalt begriffen. Die linke Szene wende sich gegen »die Tendenz hin zu immer mehr Polizeiobrigkeitsstaat« und reagiere in der Besetzerszene auf »andere Konfliktsituationen«, von denen zuvor Gewalt ausgehe, »eine Zwangsräumung ist auch eine sehr gewalttätige Form der Durchsetzung des Eigentumsrechts« – die indes legal bleibt, weil es ein Recht auf Eigentum gibt, aber kein Recht auf Wohnen in fremdem Eigentum. Trotz vielfacher Abschattierungen konstatiert Theune laut diesem Interview ein Recht auf oder zumindest eine Notwendigkeit von Gewalt, in Grenzen, gewiss, doch diese Grenzen setzt die aktivistische Klugheit, setzt nicht unbedingt das Gesetz. Dennoch sagt Lukas Theune auf die Frage, ob er »Straßenschlachten, bei denen Polizisten mit Steinen oder Flaschen beworfen werden, (…) nicht gut« finde: »Gewalt ist nicht die Lösung, aber es sind oft andere Konfliktsituationen, von denen so etwas ausgeht.«

Gewalt ist nicht die Lösung, manchmal aber doch. Treffender lässt sich die paradoxale Selbstverständlichkeit, mit der diese sprachmagische Phrase verwendet werden kann, nicht illustrieren. »Gewalt ist keine Lösung« hat durch inflationären Gebrauch derart stark an begrifflichem Wert eingebüßt, dass der Spruch im Diskurs feilgeboten werden kann, ohne dass er jene Nachfrage auslöst, die im Nachfragen bestünde. Uns allen leuchtet die Aussage viel zu leicht ein: Natürlich kann Gewalt keine Lösung sein, denn wer möchte schon gerne Gewalt ausüben, wer will Opfer von Gewalt werden, und löst Gewalt nicht immer Gegengewalt aus, endlos, sodass wir am Ende alle in einer tödlichen Gewaltspirale gefangen sind? Ja, ist es denn nicht so?

Vom Sollen zum Sein führt jedoch kein gerader Weg. Hinter dem schlichten »ist« lauert das verlockende »soll«. Gewalt soll keine Lösung sein. Faktisch ist sie es oft. Schon der Hausbesetzer merkt, dass die Gewalt, die er dem Schloss, das er knackt, antut, die Lösung der Frage ist, wie er denn in das fremde Haus gelange. Bedauerlich vielleicht, wirkungsvoll garantiert: Diese Hausbesetzermoral ist von erdrückend pragmatischer Beweiskraft. Ein Delikt bleibt es, aber ein Mittel der Problemlösung eben auch. Wer mit dieser Sondermoral vom Ding zum Menschen fortschreitet, landet bei der monströsen Aussage Stalins, ein Mensch sei ein Problem und kein Mensch eben kein Problem.

Dem Menschen wohnt die Versuchung zur Gewalt inne, seit den Tagen Kains, der die Freiheit jenseits des Paradieses zum Brudermord nutzte. Menschliche Geschichte ist, eben weil sie sich in nachparadiesischen Sphären ereignet, immer auch Gewaltgeschichte. »Weil der Mensch sich alles vorstellen kann, ist er zu allem fähig. (…) Weil er nicht festgestellt ist, ist er zu jeder Untat in der Lage.« Der Soziologe Wolfgang Sofsky, aus dessen »Traktat über die Gewalt« dieses Zitat stammt, kennt die ebenfalls biblische Herleitung des utopischen Gegenprogramms und will ihr nicht so recht glauben: »Dass die Menschen einmal Schwerter zu Pflugscharen umschmieden, ist unwahrscheinlich.« Doch der große Traum vom Ende aller anthropologischen Konkurrenz, wo Lamm-Mensch und Wolfs-Mensch friedlich beieinanderliegen und sich nähren vom Gras zu ihren Füßen, treibt der großen Phrase immer neue Jünger zu. Dass der große Traum an das von Menschen nicht zu machende Ende aller Geschichte gesetzt ist, dass er Eschatologie meint und nicht Politik, zerrinnt im Stundenglas des Aktivismus.

Politisch und poetisch hatte der verführerische Spruch seine höchste Zeit auf dem Scheitelpunkt der Friedensbewegung. Am 10. Juni 1982 versammelten sich etwa eine halbe Million Menschen auf den Rheinwiesen der Bundeshauptstadt Bonn. Das Motto hieß »Aufstehn! Für den Frieden!« – genau 36 Jahre, bevor sich um Sahra Wagenknecht die linke Bewegung »Aufstehen« konstituierte. Damals stand man vor allem gegen den Nato-Doppelbeschluss und gegen US-Präsident Ronald Reagan auf, Liedermacher Hans Hartz sang dazu rauchig, lässig, ohrwurmtauglich, die weißen Tauben seien müde, »sie fliegen lange schon nicht mehr. Sie haben viel zu schwere Flügel, und ihre Schnäbel sind längst leer. Jedoch die Falken fliegen weiter. Sie sind so stark wie nie vorher, und ihre Flügel werden breiter, und täglich kommen immer mehr. Nur weiße Tauben fliegen nicht mehr.« Ein großes Lied. Mir geht es nicht aus dem Kopf. Auch bei Hartz ist die Bibel nicht weit, um gegen Nato-Kriegsfalken anzusingen. Die Welt, die nun »von der Leine« reiße, ist eine, in der es »ab morgen (…) statt Brot nur Steine« geben wird, von der also Gott sich abgewandt habe, »oder ist einer unter euch, der seinem Sohn einen Stein gibt, wenn er um Brot bittet?« (Matthäus 7,9)

Es war auch 1982, als, von nämlicher Sorge getrieben, Konstantin Wecker auf seinem Album »Wecker« sang: »Wenn unsre Brüder kommen mit Bomben und Gewehren, dann woll'n wir sie umarmen, dann woll'n wir uns nicht wehren.« Der feindliche Soldat wird als Bruder imaginiert, der sich von vorauseilender Liebe zum Zurückbleiben bewegen lasse. »Sie sehen aus wie Feinde, sie tragen Uniformen, sie sind wie wir verblendet und festgefahr'n in Normen.« Die Einheit der Menschen überwiege das Trennende der Nationen, und die Einigkeit bestehe im Opfer, in der Verblendung, der Abhängigkeit von autoritären Vorgaben. »Auch wenn sie anders sprechen, wir woll'n mit ihnen reden. Es soll'n die Präsidenten sich doch allein befehden!« Der Rede als pazifistischem Allheilmittel wird zugetraut, den friedliebenden Bürger aus dem kriegsverpflichteten Uniformträger hervorzulocken. »Jedoch, bevor sie kommen, wär's gut, sich zu besinnen. Ein jeder muss die Liebe mit sich allein beginnen.« In kluger Pointe soll der Zuwendung zum fremden Gegenüber die Introspektion vorausgehen. Abermals theologisch gedacht, gibt es keine Nächsten- ohne Eigenliebe.

Sieben Jahre später implodierte tatsächlich der Warschauer Pakt, war der Kalte Krieg mit seiner Konfrontation der Blöcke Geschichte. Friede rückte näher. Keineswegs aber, weil die Moskauer Machthaber sich der singenden, klingenden deutschen Liebesoffensive gebeugt hätten, sondern weil der Nato-Doppelbeschluss den wirtschaftlichen Kollaps der Kommunisten beschleunigte. Eher Ronald Reagan als Konstantin Wecker hatte sich als effektive Friedenstaube erwiesen. Wenn der Doppelbeschuss und das sie tragende Militärbündnis, wie ihnen vorgeworfen wurde, Elemente der Gewalt waren, dann war es hier Gewalt als Lösung und zur Lösung des Ost-West-Konflikts.

Dass die Welt danach ein friedliches Eiland geworden wäre, lässt sich nicht behaupten. Dass sie in vorangegangenen Epochen kriegerischer war, hingegen schon. »Wir leben sicherer und gewaltfreier als jede Generation vor uns«, sagt der Kognitionswissenschaftler und Psychologe Steven Pinker und belegt es in seinem Buch »Aufklärung jetzt« (2018) mit einer Vielzahl von Statistiken, Tabellen, Schaubildern. Der ewige Friede muss dennoch Illusion bleiben, die Menschen sind in ihrer abgründigen Freiheit nicht dafür gemacht, »die Gewalt gehört zu unserem Schicksal« (Jörg Baberowski). Deshalb nährt der utopische Überschuss seine Kinder und Kindeskinder, etwa den Ökumenischen Rat der Kirchen, der 2001 eine »Dekade zur Überwindung von Gewalt« ausrief. Schon als er es tat, muss allen Beteiligten klar gewesen sein, dass beim Zieleinlauf im Jahr 2010 die Gewalt nicht würde überwunden sein. Den lieb' ich, der Unmögliches begehrt? Ein Hauch pathetischen Unernsts bleibt immer, wenn begrenzte Initiativen sich für grenzenlose Ziele einen Zeitplan setzen. Die Kirchen gehen dieses

Risiko ebenso häufig ein wie die Vereinten Nationen und scheitern im Gleichschritt. Weder Gewalt noch Armut oder Hunger oder Not oder Elend lassen sich irdisch besiegen, vertreiben, überwinden. Beispielsweise.

Als der Rat der Evangelischen Kirche in Deutschland 2007 die Denkschrift »Aus Gottes Frieden leben – für gerechten Frieden sorgen« veröffentlichte, war im Text unverändert »die Überwindung von Gewalt eine überlebensnotwendige Aufgabe.« Die Friedensdekade der Kirchen, erläuterte die EKD ferner, befinde sich »bewusst in zeitlicher und inhaltlicher Entsprechung zu der für den gleichen Zeitraum angesetzten UN-Dekade für eine Kultur des Friedens und der Gewaltlosigkeit für die Kinder der Welt.« Differenzierend hieß es, »wenn die christlichen Kirchen fordern, Gewalt zu überwinden, dann wenden sie sich nicht gegen Gewalt im Sinne von *power* (Macht allgemein), *force* (durchsetzungsfähige, auch bewaffnete Macht) oder *authority* (legitime Autorität). Die Kirchen wenden sich vielmehr gegen Gewalt als *violence*. Das heißt, sie wollen verletzende, zerstörerische, lebensbedrohliche und von ihrem Charakter her zur Eskalation neigende Formen gewalttätigen Handelns überwinden oder zumindest wirksam begrenzen.« Solche eben auch rhetorische Abrüstung adelt das Anliegen. Wie das Eingeständnis, »dass die Möglichkeiten militärischer Mittel begrenzt sind, dass ihr Einsatz ohnehin nur als äußerstes Mittel in Frage kommt, und dass mit Waffengewalt Friede unter bestimmten Umständen vielleicht gesichert, aber nicht geschaffen werden kann.« Einen radikalen Pazifismus muss sich die EKD nicht vorwerfen lassen.

Kaum neigte sich die Friedensdekade zu Ende, trat die damalige Ratsvorsitzende der EKD, Margot Käßmann, die als junge Frau ebenfalls in Bonn gegen den Nato-Doppelbeschluss demonstriert hatte, auf die Kanzel der Dresdner Frauenkirche und tat in ihrer Neujahrspredigt 2010 den legendären, ebenfalls phrasentauglichen Ausspruch, nichts sei gut in Afghanistan; »wir brauchen Menschen, die nicht erschrecken vor der Logik des Krieges, sondern ein klares Friedenszeugnis in der Welt abgeben, gegen Gewalt und Krieg aufbegehren und sagen: Die Hoffnung auf Gottes Zukunft gibt mir schon hier und jetzt den Mut, von Alternativen zu reden und mich dafür einzusetzen.« Der zentrale Satz demontierte sich im Moment der Rede selbst, alldieweil sich in jenen Minuten weit weg von Dresden, irgendwo zwischen Kabul und Kundus, auch Schönes, Gutes zugetragen haben muss, ein Hoffnungslachen, ein Versöhnungskuss, eine glückliche Heimkehr, ein Neuanfang auf schwankendem Grund. Etwas ist immer gut. Wir hielten unser Leben sonst nicht aus.

Wird die Welt aber besser – Weltverbesserungswahn ist fast jeder Phrase beigemischt –, wenn die Bösen geliebt werden, unter allen Umständen? Man darf darauf mit Ja antworten und muss sich die Kritik pragmatischer Realisten gefallen lassen. Legen radikalislamische Taliban ihr Talibandasein ab, wenn man »für die Taliban« (Margot Käßmann, 2011) oder gar mit den Taliban betet? Schon die Anreise zu einem solchen interreligiösen Gebetstreffen könnte das Leben kosten. Käßmanns Amtsnachfolger an der Spitze der Evangelischen Kirche in Deutschland, der bayerische Landesbischof Heinrich Bedford-Strohm, nahm das Weihnachtsfest des Jahres 2014 zum Anlass, den Dschihadisten des »Islamischen Staates« seine Liebe anzubieten: »Wenn ein IS-Kämpfer von einer Granate zerfetzt wird, dann ist das Anlass zur Trauer, weil ein Mensch gestorben ist.« Bekanntlich waren in Deutschland viele Protestanten, auch solche in leitender Funktion, am 30. April 1945 traurig, weil ein Mensch gestorben war.

Bedford-Strohm erklärt das Gebot der Feindesliebe für »tatsächlich kategorisch«, weshalb es auch auf IS-Kämpfer (und Kopfabschneider) anzuwenden sei. Dem Bischof erscheint dieses Bekenntnis besonders weihnachtstauglich, denn Weihnachten sei geprägt von der »Sehnsucht nach Überwindung von Gewalt und Zwietracht«. Individuelle Heilsbedeutung ist in solcher politischen Kollektivtheologie bestenfalls geduldet. »Wir sehen alle Gewalt als Niederlage«, verkündet Bedford-Strohm, das sei »der gemeinsame Grund in unserer Kirche«. Zyniker mögen einwenden, der dschihadistisch Geköpfte biete immerhin keinen Anlass mehr für Zwietracht und Gewaltanwendung. Realisten wie der Historiker Jörg Baberowski bescheiden sich mit dem generellen Hinweis, »wer Gewalt eindämmen will, muss selbst imstande sein, Gewalt auszuüben.«

Immer wieder ist heutzutage der islamistische Terror Prüfstein für jede pazifistische Neigung. Bei Vertretern der Kirchen wie bei linken Politikern – die Schnittmenge ist beachtlich – differieren die Antworten. Bündnis 90/Die Grünen sind realistisch genug, um als Partei im Juli 2017 ausgesprochen zu haben, »dass die Terrororganisation IS dabei auch mit militärischen Mitteln bekämpft werden muss, steht für uns außer Frage.« Fraglos hat die Partei, als sie gemeinsam mit der SPD die Bundesregierung stellte, Friedensarbeit als Arbeit am Institut begriffen und praktiziert: »In die rot-grüne Regierungszeit fällt die Gründung des Zivilen Friedensdienstes 1999, der Deutschen Stiftung Friedensforschung 2000, des

Deutschen Instituts für Menschenrechte 2001, des zivik-Projekts (zivile Konfliktbearbeitung) beim Institut für Auslandsbeziehungen 2001, des Arbeitskreises Frieden und Entwicklung 2001 und des Zentrums für Internationale Friedenseinsätze 2002. Das Ganze wurde vom ›Aktionsplan zivile Krisenprävention‹ der Bundesregierung 2004 gekrönt, der den konzeptionellen Rahmen für die Aktivitäten der Bundesregierung vorgab.« Heißt es bei gruene.de.

Mit solchem Federlesen hält sich radikalpazifistische Politik, wie man sie etwa bei der Linkspartei findet, nicht auf. Die Bundestagsabgeordnete Christine Buchholz wurde im Dezember 2015 kategorisch, »Terror lässt sich nicht mit Krieg bekämpfen«. Diesem Gedanken unterstellte man gerne eine relative Richtigkeit, wäre er nicht so absolut formuliert. Zumal Buchholz fortfuhr, »terroristische Strömungen« könnten »nur bekämpft werden, wenn ihm (sic!) der soziale Nährboden entzogen wird. Ein wichtiger Bündnispartner dabei sind die muslimischen Gemeinden selbst, die den Terror ablehnen und die sich für die Überwindung von Vorurteilen engagieren.«

An eine Teilmenge der muslimischen Gemeinden also soll delegiert werden, woran Politik und Polizei und Militär scheitern. Ob solche Gemeinden sich als zuständig empfinden für soziale Nährböden? Beackern sie nicht weit eher das Feld des Glaubens als jenes der Gesellschaft? Und entspringt der islamistische Hass wirklich sozialer Fehlstellung? Nicht nur von den Attentätern von 9/11 ist bekannt, dass es gerade keine sozial abgehängten Männer waren. Auch der Massenmörder von Nizza führte eine Mittelklassenexistenz, ehe er im Juli 2016 einen Laster bestieg und als rasende Waffe auf Unschuldige richtete.

Vielleicht lässt sich Terror mit Krieg nicht endgültig besiegen; bekämpfen gewiss. Jene Gewalt, auf die Dschihadisten zur Lösung ihrer islamischen Probleme zurückgreifen, kann diese Probleme durchaus auch davor bewahren, in Gewalt umzukippen. Schon 1751 gelangte David Hume zur bitteren, traurigen Einsicht, dass eine zivilisierte Nation im »Krieg mit Barbaren« unterliegen werde, wenn sie sich an Kriegsgesetze halte, die den Barbaren unbekannt sind. Seitdem geschah viel, die zivilisatorische Einhegung des Krieges schritt und schreitet glücklicherweise voran. Niemand kann in einer Welt leben wollen, in der sich immer der Brutalere durchsetzt, weil auch er einmal zu den Schwächeren gehören wird. Niemand aber kann sinnvollerweise eine Welt anstreben wollen, in der den zu allem Entschlossenen prinzipiell mit überlegener Moral und unbedingter Friedfertigkeit begegnet wird. Eine solche Welt würde zu dem, was sie verhindern meint, einem Universum nackter, mitleidloser Gewalt. Wurde je ein Amokläufer durch Friedensappelle entwaffnet?

Auch Oskar Lafontaine, ehemals SPD, heute Linkspartei, bedenkt diese Folge nicht, wenn er im Dezember 2015 kategorisch behauptet, »Krieg ist kein Mittel der Politik. (...) Wer mordet, darf sich nicht wundern, dass diejenigen, die das Morden überleben, die ihre Verwandten rächen wollen, ebenfalls zu Mördern werden. Das ist diese Logik, die wir durchbrechen müssen.« Im Krieg, zumal dem völkerrechtlich legitimierten Verteidigungskrieg, wird getötet, nicht gemordet, und der Mensch ist mehr als eine Rachemaschine. Er kann lernen, manchmal sogar in Schmerzen, aus Schmerzen. Er kann denken. Er hat eine Zukunft vor Augen.

Natürlich sind, wie es das »Netzwerk Friedenskooperative« anno 2018 fordert, auch für das vom Bürgerkrieg durchschüttelte Syrien »zivile Lösungen« kriegerischen Handlungen vorzuziehen. Natürlich sind »zivile Alternativen zum Militäreinsatz in Syrien« aller Diskussionen wert. Doch ist der Lobbyeinsatz gegenüber den Abgeordneten des Bundestags zugunsten einer »gewaltarmen, (...) partnerschaftlichen Ausrichtung« der deutschen Außenpolitik und eines Rückzugs der Bundeswehr aus dem Anti-IS-Einsatz in Jordanien und im Irak von einem Mindestmaß an geopolitischem Realismus gedeckt? Zweifel sind berechtigt, wenn im Maßnahmenpaket gegen syrische Dschihadisten und syrische Soldaten und für Diplomatie und Dialog »Demokratie- und Partizipationsprojekte« inkludiert sind. Mit Gewaltprofis soll ins friedliche Gespräch treten, sie an runde Tische bitten, wer eben noch ihr Messer an der Gurgel spürte? Warum soll der Mensch im Blutrausch auf eine Bitte hin ablassen von seinem metzelnden Gewerbe und die Freuden der Partizipation für sich entdecken? »Gewalt ist nicht mit Gewalt zu bekämpfen«, sagt die vom Netzwerk getragene Kampagne »MACHT FRIEDEN. Zivile Lösungen für Syrien« und negiert damit eine Erfahrungstatsache des blutigen 20. Jahrhunderts: Wer nicht bereit ist, dem Bösen mit allen Mitteln die Stirn zu bieten, arbeitet dem Bösen zu. Gewalt kann Gegengewalt und neue Gewalt hervorrufen. Appeasement aber prämiert Gewalt.

Das »Friedensgutachten« des Jahres 2018, herausgegeben vom Bonn International Center for Conversion, dem Leibniz-Institut Hessische Stiftung Friedens- und Konfliktforschung und dem Institut für Friedensforschung und Sicherheitspolitik, fordert zu Recht »verstärkte Anstrengungen, um Frieden in der Welt herzustellen und zu erhalten.« Die zehn vorgeschlagenen Empfehlungen zeichnen eine Agenda einschließlich eines Appells wider die amerikanische »Aufkündigung des Iran-Abkommens«, faktisch also für den Hauptfeind Israels, eine Agenda, die diskutabel ist, aber ohne Gewaltandrohung im Fall der Fälle auskommt. Solche Empfehlungen können überhaupt nur formuliert werden, weil geordnete und verantwortete Gewalt unkontrollierte und verantwortungslose Gewalt einhegt, weil also »wir es für selbstverständlich halten, nicht umgebracht zu werden, wenn wir am Morgen das Haus verlassen.«

Jörg Baberowski erinnert mit diesem Satz an die nur scheinbar schlichte Grundlage unseres gegenwärtigen Zusammenlebens in den Gesellschaften des Westens: das Gewaltmonopol des Staates. Es ist ein Quasi-Monopol, zur Verteidigung seiner selbst darf auch der einzelne Staatsbürger zur Gewalt als Ultima Ratio greifen. Jenseits dessen aber darf nur der liberale Rechtsstaat mit Gewalt auf Rechtstreue drängen. In seinem Buch »Räume der Gewalt« führt Baberowski aus, »wir vertrauen darauf, nicht Opfer von Gewalt zu werden, weil wir wissen, dass die Staatsmacht Gewalttäter in ihre Schranken weist und Konflikte nicht mit dem Tod der Unterlegenen entschieden werden.« So ist es. Dieses Vertrauen bleibt in der Regel unhinterfragt. Einzig deshalb, da dem liberalen Verfassungsstaat unterstellt wird, dass er im Fall der Fälle bereit ist, Gewalt anzuwenden. Die Republik erodiert genau dann, wenn der Staat diese Bereitschaft nicht mehr unter Beweis stellt, wenn er also Gewalttätern nur noch mit der Androhung pädagogischer Maßnahmen oder allesverzeihendem Verständnis begegnet. Ein solcher

Paradigmenwechsel zeichnet sich ab. Mit seinerseits unkontrollierten Folgen.

Der Staat verwaltet Gewalt auf legitime Weise und stellvertretend für seine Bürger, die ihn dazu ermächtigt haben: Das ist die Basis des modernen Rechtsstaats. Ohne die Bereitschaft zur konditionierten Gewaltanwendung verkümmern all jene Rechte, für die der Rechtsstaat einsteht. Der prinzipiell Gewaltfreiheit reklamierende Staat wäre ein Willkürstaat, in dem das Recht des Stärkeren gilt. »Das staatliche Gewaltmonopol gewährt Schutz, ohne den Menschen nicht dauerhaft in Frieden und Sicherheit leben können. Wir vertrauen einander, weil wir wissen, dass der illegale Einsatz von Waffen bestraft wird.«

In »Räume der Gewalt« lädt Jörg Baberowski in Anlehnung an Jan-Philipp Reemtsma zu einem Gedankenexperiment. Man stelle sich vor, die Staatsgewalt wäre für eine Dauer von zwei Wochen außer Kraft gesetzt, und alle Bürger wüssten darum. Was geschähe wohl? Der Plot, der unter diesen anarchischen Bedingungen abliefe, erinnerte vermutlich an die dystopische Versuchsanordnung, die den bisher vier Kinofilmen unter dem Titel »The Purge – Die Säuberung« und der gleichnamigen Serie zugrunde liegt. Einmal im Jahr für eine Nacht findet in einem autoritären Amerika der Zukunft ein irdisches Purgatorium statt, darf jede und jeder ungestraft Gewalt anwenden. Blutige Triebabfuhr ist die Folge, Splatterszenen inklusive. Wir sind im Hollywood der grellen Zuspitzung.

Nüchterner heißt es bei Baberowski: »Macht hätte jetzt nur noch, wer imstande wäre, sich selbst zu verteidigen. Der Nachteil verminderter Intelligenz lässt sich in solchen Situationen nur durch Muskelkraft, Entschlossenheit und Skrupellosigkeit kompensieren. (…) Die Welt ist auf den Kopf gestellt, mit dem Zusammenbruch der Ordnung schlägt die Stunde der Skrupellosen und Entschlossenen, die sich ermächtigen zu tun, was andere nur zu denken wagen.« Wie hieß es bei Sofsky? »Weil der Mensch sich alles vorstellen kann, ist er zu allem fähig.«

Pechschwarz erscheint uns solche Anthropologie, geschöpft aus der Schauerromantik. Zeitenübergreifend aber gilt, dass die Gewalt in der Welt ist – und bleiben wird. Dass Menschen Gewalt ausüben – und es weiter tun werden. Ganz heil wird diese Erde nie. Der Mythos von der ewigen Verbesserung des Irdischen hin (oder zurück) zum Goldenen Zeitalter ist ein Mythos und heidnisch. Er ist eine große farbige Menschheitserzählung, die nicht getauft werden kann. Wer es versucht, betreibt Mythologie, nicht Theologie. Das könnten christliche Adepten eines radikalen Pazifismus ebenso wissen wie Politiker in identischer Trugmission. Die Flagge, unter der sie segeln, ist ein Spiegel, der immer nur sie selber zeigt.

Ein Letztes wäre zu prüfen. Wenn der Staat Gewaltmittel braucht und die Bereitschaft, sie einzusetzen, um die Gewalt aller gegen alle zu verhindern: Fehlt in dieser sozialen Kosten-Nutzen-Rechnung nicht die Kultur? Ist sie es nicht, die den Menschen davor bewahrt, der Gewalt die Zügel schießen zu lassen? Ja, das ist sie. Ohne ihre Wirkungen überschätzen zu wollen, ist Kultur gewiss eine stabile Brücke zum gedeihlichen Miteinander, sofern sie auf gemeinsam geteilten Grundüberzeugungen ruht. Freikörperkultur etwa und Hidschabkultur dürften, stellt man sie direkt nebeneinander, nicht unbedingt das menschliche Proprium stärken. Hinzu kommt: »Gewalt ist der Kultur inhärent«, schreibt Wolfgang Sofsky, »die Pyramiden wurden errichtet auf den Fundamenten der Knechtschaft. Das siebentorige Theben wurde erbaut auf Hügeln von Menschenknochen. Die Cäsaren eroberten die Länder, getragen auf dem Schild ihrer Soldaten, vorbei an Bergen von Toten.«

Nachtschwarz auch dies und nicht zustimmungspflichtig. Abermals nicht zu bestreiten: Kultur kann die Antwort sein auf die Frage nach der Gewalt, indem sie diese verwandelt. Und Gewalt kann kulturelle Schöpfung auslösen. Dass Gewalt auf diese transformierende Weise eine Lösung sei, ist ebenso nachvollziehbar wie ihre geordnete Notwendigkeit, damit die Freiheit nicht größeren Schaden nimmt. Wer Gewalt zu welchen Zwecken und in welchen Formen einsetzt: Darauf kommt es an. Wer auf Gewalt vorauseilend und kategorisch verzichtet, weil er Motive stärker gewichtet als Handlungen und das Böse für eine Verkleidung des Guten, sich selbst aber für unberührbar hält: Der kommt zu Fall durch das Schwert, das er nicht zückt.

KAPITEL 13

»Haltung zeigen!«

Phrasen überdauern ihre Urheber. Sie führen ein Eigenleben, das den Moment der Entstehung hinter sich lässt. Ehe ein eingängiger Spruch zur Phrase wird, muss er durch viele Münder hindurch. Das einmal und nie wieder Gesagte, der Satz, der aufgeht in den Bedingungen seines Anlasses, die Pointe, die nur einer macht: All das taugt noch nicht zur Phrase. Die Phrase beginnt, wo das Denken endet. Sie erweckt den Eindruck, sie sei bereits das Ergebnis eines langen Nachsinnens und also müsse an der Stelle, an der sie aufgerufen wird, nicht mehr gedacht, sondern nur noch verkündet werden. Sie will Einverständnis, nicht Eigensinn. Akklamation, nicht Reflexion. So kommt in Phrasen auch das Reden an sein wortreiches Ende. Phrasen sind die Schwarzen Löcher unserer Kommunikation.

Darum kann es sein, dass linke Parteien, vermutlich unwissentlich, eine rechte Kampfparole der 1930er Jahre aufwärmen, die aus der Mitte der heutigen Gesellschaft zu stammen scheint. Wer den Phrasenpool anzapft, kann sich nie sicher sein, wessen semiotische Felder er damit bewässert. Im Zweifel ist jede Nachdenklichkeit schon einmal trivialisiert worden. »Haltung statt Hetze« etwa ist ein Aufruf, dem sich gegenwärtig große Mehrheiten anzuschließen bereit sind. Die verführerische Polarität – böse Hetze versus gute Haltung – lässt keine Möglichkeit, der Moralfalle zu entkommen. Besonders gerne machen sich Grüne, SPD und Linkspartei die Losung zu eigen, aus verständlichen Gründen. Die »Grüne Jugend Bayern« etwa lud unter diesem Motto zu einem »Hateslam« nach Augsburg: »Vertreter der Grünen geben euch Einblicke in die Kommentare, mit denen sie tagtäglich leben müssen. Das Ganze soll euch einerseits natürlich unterhalten, andererseits aber auch kritisch hinterleuchten, wie tief die Kluften der Menschlichkeit in unserer Gesellschaft bereits klaffen.« Ob man in Augsburg zur klaffenden Kluftenmessung ein Kluftenmessgerät reichte? Oder tat's eine hin und her und hinterleuchtende Taschenlampe?

»Haltung statt Hetze« ist ein bewährtes Motto für Demonstrationen, Resolutionen, Parteitagsreden im 21. Jahrhundert. Der Slogan fällt nicht nur mit der Tür ins Diskurshaus, er reißt sie ein. Man muss nicht wissen, was die Hetze der anderen konkret meint und welche eigene Haltung konkret gefordert wird, um augenblicklich einzustimmen: Ja zur Haltung, Nein zur Hetze. So wie es auch nur ein Ja zum Frieden und ein Nein zum Krieg geben kann, spontan, ein Nein zur Armut und ein Ja zum Wohlstand, ein Ja zur Menschlichkeit und ein Nein zur Menschenfeindlichkeit. Da gibt es naturgemäß nichts nachzudenken, wohl aber wären die Begriffe zu schärfen. Hamlet grübelte ernsthaft über das Gegensatzpaar von Leben und Tod nach. Er wusste am Beginn seines Denkens nicht, wo es ihn hinführte. Darum wurde »Sein oder Nichtsein« nie zur Phrase.

Dass es um die einfachen Alternativen von Hetze und Haltung nicht gar so einfach bestellt ist, zeigte eine frühe Verwendung des stark nachgefragten Mottos. Im Jahr 1934, relativ kurz also nach der nationalsozialistischen Machtübernahme, veröffentlichte Dr. Friedrich Grünagel, Pfarrer aus Aachen, in der »Schriftenreihe von Theologen und Laien aus der Westmark« namens »Kirche in Bewegung und Entscheidung« einen, wie es im Untertitel hieß, »Ruf zur Besinnung im Kirchenstreit«. Und dieser Zwischenruf von gerade einmal 14 Seiten trug den fanfarengleichen Titel »Haltung statt Hetze!« Grünagel plädierte für eine protestantische Reichskirche statt der vielen Landeskirchen, lobte Reichsbischof Ludwig Müller und kritisierte die »Hetze« der Bekennenden Kirche gegen die Deutschen Christen: »Wenn in irgend einer Zielsetzung Hitler die Zustimmung aller Deutschen fand, dann in seinem Willen, endlich unseren unseligen Hang zum Partikularismus zu brechen. Auf allen Gebieten bricht dieser Wille zur Einheit mächtig hervor.« Die »innere Verbindung von Volkstum und Glaube« müsse nun vollzogen werden. Nur dann sei die »Möglichkeit einer evangelischen Kirche im Dritten Reich (…) gegeben, wenn wir zur echten Reichskirchenbildung fortschreiten.« Wer »die neue Staatsführung wie den Satan« hasse, versündige sich am Protestantismus; »darum Haltung statt fanatische Hetze!«

Keine Frage: Hier wurde die Haltung der neuen Herren gelobpreist und Kritik an diesen als Hetze diffamiert. Grünagel, fasst Michael Hofferberth vom Archiv der Evangelischen Kirche im Rheinland zusammen, »war strammer Deutscher Christ und hatte in Aachen öffentlichkeitswirksam die Bekennende Kirche bekämpft.« Auch in diese Richtung ließ sich das heute so beliebte Begriffspaar von der Haltung und ihrem Gegenteil verwenden. Der moralische Druck, den es aufbaut, ist hinreichend groß, um Einwände verschiedener Art zum Verstummen zu bringen.

Natürlich lässt sich dieser damalige Gebrauch nicht jenen vorwerfen, die heute in gegenteiliger Absicht auf die begriffliche Alternative zurückgreifen, um gegen

Rassismus und Chauvinismus öffentlich aufzubegehren. Die theoretisch unbegrenzte Einsetzbarkeit sollte indes zur Vorsicht mahnen bei allzu großem Triumphgefühl nach allzu leicht errungenem Einverständnis. Acht Jahre nach Grünagels »Haltung statt Hetze!« erschien übrigens mit »Deutsche Haltung als Aufgabe der Erziehung« von Hans Wittig eine Einführung in nationalsozialistische Pädagogik, die ebenfalls das Haltungs- als das Kerngeschäft der Nazis ausmachte.

Die Quellorte der Haltung liegen anderswo: am Fluss, im Stall, der Wirbelsäule. Haltung meint im Wasserbau »die Strecke zwischen zwei Stauanlagen eines Kanals oder kanalisierten Flusses.« Wo die Haltung ist, da geht es nicht aufwärts oder abwärts, da regiert die flache Horizontale, da wird das Niveau gehalten. Insofern ist auch in freier, aber gestalteter Natur Haltung die Frage eines Verhältnisses zwischen zwei Punkten. So wie angesichts heutiger Haltungsgruppenappelle ein Verhalten gefordert wird, das die einzig richtige Reaktion sei auf einen vorgefundenen Standpunkt, eine Frage mithin der korrekten Distanz.

Anders geht es im Stall zu, wo Tiere gehalten werden, dem Menschen zur Freude oder zum Verzehr. Der Tierhalter ist Herr des Tieres und Herr über Leben und Tod. Hier beschreibt Haltung ein absolutes Machtgefälle, keine schnurgerade Verbindung zwischen zwei Punkten – weshalb denn auch im Namen menschlicher Haltung dagegen protestiert werden kann. »Haltung zeigen!« war eine Veranstaltung der schleswig-holsteinischen Grünen Ende August 2018 in Köln betitelt, die mit einer schmatzenden Kuh beworben wurde: »Wir brauchen einen Umbau der Tierhaltung für die Umwelt, für die Tiere und für die Menschen.«

Haltung ist im Kern, ja im Mark das menschliche Privileg. Der Mensch hat eine bestimmte Haltung, die ihn vor den meisten anderen Lebewesen auszeichnet, den aufrechten Gang. Die durchgedrückte Wirbelsäule, das gerade Rückgrat erhebt ihn über den Staub, aus dem er stammen soll. Kurt Bayertz schreibt in seiner »Geschichte des anthropologischen Denkens« mit Bezug auf Aristoteles und Cicero: »In der aufrechten Haltung des Menschen verrät sich seine Hinordnung auf den Kosmos, genauer: auf das Vollkommene und Göttliche in ihm, das ja nach oben hin zunimmt.« Eine Deutung Thomas Manns wiederum, aus dem »Zauberberg«, führt Bayertz zur Erkenntnis, »wie eine Person geht und steht, gibt Aufschluss über ihre Herkunft, ihren Status, ihre Lebenslage. Die ›Haltung‹ weist über das Individuum hinaus, das sie hat. Sie verweist auf das historische, kulturelle, soziale Umfeld dieses Individuums. Das menschliche Gehen oder Stehen ist also kein bloß natürliches Phänomen.« Man sieht Natur und erblickt Kultur: Das ist die conditio humana.

Der Schritt vom Skelett- zum Satzbau war leicht und führte ins Uferlose. Haltung, als gruppenbezogene, abgrenzende Selbstaussage betrachtet, sei's 1942, sei's 2019, ist dann nicht länger typisch menschlich, sondern sozial charakteristisch. Sie wird zum Clubabzeichen, zur Ehrenmedaille einer Teilmenge von Gesellschaft. Die einen haben sie, den anderen spricht man sie ab; Haltung kann zum Wanderstab und Prügelstock der Guten werden, derer also, die sind, wie man sich selbst gerne sieht. Die aus Haltungsgründen sich aussprechen »gegen rechts« (Rosa-Luxemburg-Stiftung), »gegen antifeministische Äußerungen« (Heinrich-Böll-Stiftung), »gegen die Politik der

Angst« (Bündnis 90/Die Grünen), »gegen Hass« (SPD Brandenburg).

Am bereits zitierten Satz des Bundespräsidenten Frank-Walter Steinmeier (siehe Kapitel 4), »Demokratie braucht Haltung und Engagement«, gibt es zunächst nichts auszusetzen, doch er lässt Leerstellen. Demokratie braucht Demokraten: unbedingt und hoffentlich noch sehr lange. Welches Engagement aber braucht sie wirklich? Muss der überzeugte Demokrat seine tiefe Überzeugung durch praktisches Engagement bekunden? Ist die Demokratie so schwach, dass der engagierte Bürger sie permanent stützen muss? Darf der liberale Staat in Gestalt seines höchsten Repräsentanten solches Engagement fordern und dadurch das Risiko eingehen, staatsdienliche Aktionen zu belohnen und staatskritische zu missbilligen? Öffnet sich da schon sacht die Tür zu einem Staat, der wie weiland ein »Sag' mir, wo du stehst!« einklagen darf, weil er über den Korridor gewünschten und unerwünschten staatsbürgerlichen Engagements entscheiden und entsprechend sanktionieren kann? Eine liberale Demokratie müsste auch Demokratiekritik, Staatskritik, Engagementverweigerung aushalten. Was sie hingegen nicht tolerieren darf, sind antidemokratische Umsturzversuche und Straftaten jeder Art.

Welche Haltung der Demokraten braucht eine Demokratie darüber hinaus? Nur jene, die auf den Podien und in den Sendungen dieser Republik sich manifestiert und oftmals die Regierungsdoktrin doppelt? Jene Haltung, welche die öffentlich-rechtliche Fernsehjournalistin Anja Reschke auf 96 Seiten unter dem Titel »Haltung zeigen!« (September 2018) darlegte und als »Grundhaltung unserer Gesellschaft« definiert, die auf erinnungskulturellen Tabus und »stillschweigenden Vereinbarungen« und dem Grundgesetz beruhe? Jene Haltung, welche die Printjournalistin Mely Kiyak, die einst den Volkswirt und Publizisten Thilo Sarrazin eine »lispelnde, stotternde, zuckende Menschenkarikatur« genannt hatte, auf 64 Seiten unter der Überschrift »Haltung. Ein Essay gegen das Lautsein« (Oktober 2018) darlegt, wider »reaktionäre Denk- und Politikmuster«? Und wie ist es um die Haltung der Werbeprofis der »Deutschen Public Relations Gesellschaft e.V.« bestellt, die im Januar 2019 zur Tagung »Kommunikation braucht Haltung« nach Berlin luden?

Haltung besteht oft darin, Haltung zu fordern. Allgemeines wird behauptet, um persönlich Bedingtes vorzuführen. Die Haltungsforderung ist die Eintrittskarte in die jeweilige Haltungsgruppe, das VIP-Abzeichen am Revers derer, die dazugehören. Der Haltungsmensch ist der gute Mensch mit der richtigen Ansicht. Weltanschauliche Differenz wird zur Moralstraftat. Haltung freilich verfehlt ihr Maß, fungiert sie nur als Meinungsabwehr und Begriffszauber besserverdienender Gutbürger. Haltung ist immer auch der Einsatz, den es kostet, am richtig Erkannten selbst dann festzuhalten, wenn damit keine Ansehens- und Machtgewinne verbunden sind. Leicht fällt es Magnaten und Mäzenen, Stars und Politikern Haltung zu zeigen; sie ist gratis.

Haltung hat die Frau, die am Arbeitsplatz eine Kollegin verteidigt, obwohl sie nicht wissen kann, ob der Chef ihr Engagement billigt; hat der Mann, der im Kreis der Kumpels einem Freund beispringt, der allen auf die Nerven geht, aber einen klugen Gedanken geäußert hat. Sie halten sich aufrecht. Ein Max Stirner tat es, der seinen Überzeugungen treu blieb bis in die Armut hinein und nie geschmeidig wurde. Ein Leon Bloy, der ein elendes Leben führte, ohne sich von Geld korrumpieren zu lassen. Ein Ambrose Bierce, der sich vom vorübergehenden Ruhm als Starautor nicht bestechen ließ, seine Kanten und Krallen behielt und traurig endete. Sie alle haben nie die eigene Meinung als Haltung verkauft. Und niemanden als sich selbst auf diese ihre Meinung verpflichtet. Haltung, die nichts kostet, kann man sich schenken.

KAPITEL 14

»Das ist alternativlos«

Vom doppelbödigen Lob des Offenen und der Offenheit hörten wir schon. Es kann, wie wir sahen, zu Gedankenabbrüchen, zu geistigen Absurditäten und sozialen Kollateralschäden führen. Zu ganz praktischen Folgen, die mit keiner Ideologie mehr zu kitten sind. Immer aber sollte doch gelten, was der Wirtschaftspublizist Wolf Lotter in seinem im zweiten Kapitel bereits zitierten Essay zur »Offenen Gesellschaft« kühl vermerkte. Offenheit sei, »wenn man auch anders kann, in Alternativen und im Plural denkt.« Aber natürlich. Denker des Offenen dürfen ihren Gedanken keine Schranken setzen. Sie können sich mit der einmal errungenen Position prinzipiell nicht zufriedengeben. Solche systematische Unruhe macht kreativ und unruhig zugleich. Denker des Offenen sehen in aller gewonnenen Klarheit den Keim neuer Unklarheiten. An keinem je errungenen Punkt dürfen sie sich sicher sein, das Rätsel gelöst zu haben. Jede neue Situation verlangt neue Fragen, neue Überlegungen, neue Antworten. »Der Kopf ist rund«, heißt ein bekannter Spruch, »damit das Denken die Richtung wechseln kann.«

In gleicher Weise kann die allgemein als erstrebenswert anerkannte, wenn nicht schon glücklich erreichte offene Gesellschaft nie zur Ruhe kommen. Sie ist – ebenso programmatisch – Durchzugsort für viele Gedanken, Menschen, Waren. Es ist, wie es ist, und es ist nur jetzt: So lautet das erste Prinzip der offenen Gesellschaft. Zugute kommt das der Kunst und hoffentlich auch der Wissenschaft. Vom zollfreien Austausch der Ideen profitiert jede Kultur. Damit das Rad der Innovation nicht stillsteht, braucht es Anregungen in möglichst hoher Zahl und aus möglichst vielen Richtungen. Braucht es, um im Bild zu bleiben, freilich auch eine Nabe, in der die Speichen zusammenlaufen. Ohne einen festen Kern, an den die neuen Kräfte anschließen können, verpuffen sie ins Leere oder rauben sich gegenseitig die Energie. Eine Gesellschaft der permanent ungestalteten Wirkkräfte wäre das reine Chaos. Wo alles sich selbst überlassen würde, bliebe kein Stein auf dem anderen und triumphierte das Stärkere, nicht das Bessere.

Wer der offenen Gesellschaft das Wort redet, der ist auf ein Denken in Alternativen zwingend angewiesen: Es ist, wie es ist, doch es kann jederzeit anders sein. Eine Alternative haben, bedeutet eine *Wahl* zu haben und *eine* Wahl zu haben. Damit ist nicht mehr als der Souterrain des Denkens erreicht, der aber fraglos. Das Fundament aller Diskurse liegt im Entweder-Oder. Umgangssprachlich gibt es auch die Alternative im Plural, streng genommen aber meint sie nur die eine andere Denkmöglichkeit. Top oder Flop, Yin oder Yang, friss, Vogel, oder stirb: So lauten klassische Alternativen, die über die Zweizahl nicht hinauskommen. Wo Wege sich gabeln, öffnen sich Horizonte.

Die bedeutendste Alternative der Literaturgeschichte spricht ein dänischer Prinz aus, dessen Zaudern derart stilprägend wurde, dass es die Deutschen am besten verstehen sollten. Sie seien, wie er einer gewesen war. Der Zauderer namens Hamlet wusste zudem von einem Studienaufenthalt im lutherischen Wittenberg zu berichten. War die Unfähigkeit zur Entscheidung am Ende Frucht protestantischer Anfechtung? Shakespeare lässt seinen Hamlet über »Sein oder Nichtsein« monologisieren, »das ist hier die Frage. Ob's edler im Gemüt, die Pfeil' und Schleudern des wütenden Geschicks erdulden oder, sich waffnend gegen eine See von Plagen, durch Widerstand sie enden? Sterben – schlafen – Nichts weiter! Und zu wissen, dass ein Schlaf das Herzweh und die tausend Stöße endet, die unsers Fleisches Erbteil, 's ist ein Ziel, aufs Innigste zu wünschen. Sterben – schlafen – Schlafen! Vielleicht auch träumen!« Die fundamentalste aller Alternativen ist jene zwischen Tod und Leben, zwischen dem Erdulden der Plagen, aus denen es auch besteht, und dem harten Schnitt, der ein Schritt ist ins Nichts, ins Ewige vielleicht, an das ein Hamlet nicht glaubt.

In den fast ebenso berühmten Worten Arthur Schopenhauers heißt es, »der wesentliche Inhalt des weltberühmten Monologs im ›Hamlet‹« sei »dieser: Unser Zustand ist ein so elender, dass gänzliches Nichtseyn ihm entschieden vorzuziehn wäre. Wenn nun der Selbstmord uns dieses wirklich darböte, so dass die Alternative ›Seyn oder Nichtseyn‹ im vollen Sinn des Wortes vorläge; dann wäre er unbedingt zu erwählen, als eine höchst wünschenswerte Vollendung. Allein in uns ist etwas, das uns sagt, dem sei nicht so; es sei damit nicht aus, der Tod sei keine absolute Vernichtung.« Der notorisch pessimistische Schopenhauer gab damit die dunkelste Deutung der Wahl, vor die Hamlet sich gestellt sah. Demnach war es, vom Boden der Verzweiflung aus gesehen, eine Scheinalternative. Das Nichts könnte sich als zu schwach herausstellen, um dem Sein wirklich den Garaus zu machen. Hamlets Bühnenleben endete an dieser Stelle im dritten Akt nicht. Auch aufgrund solcher gedanklichen Schichtung wäre die Literatur aller Zeiten ärmer ohne diese englisch-dänisch-deutsche Schicksalsgrübelei mit Ewigkeitsrang und ohne »Hamlet«.

Das Denken in Alternativen setzt jenes erst in Gang, ohne dass es bei der Gegenüberstellung von Eins oder Null, Ja oder Nein, Hammer oder Amboss stehen bleiben müsste. Im Gegenteil. Die Alternative ist ein Anfangsimpuls, auf den weitere Anfänge folgen, die es sonst nicht gäbe. John Stuart Mill dachte einmal darüber nach, warum »wir aus Gewohnheit die eine Seite einer Alternative glauben und die andere begreifen können«, weshalb also unser Intellekt manchmal gegen die Konvention den Kürzeren zieht, ganz buchstäblich wider besseres Wissen. Mill führte als Beispiel den »Geisteszustand gebildeter Menschen bezüglich des Sonnenaufgangs und Sonnenuntergangs« an. »Alle gebildeten Menschen wissen durch Forschung oder glauben auf die Autorität der Wissenschaft hin, dass sich die Erde bewegt, und nicht die Sonne; es gibt aber wahrscheinlich nur wenige, die das Phänomen aus Gewohnheit anders begreifen oder sich vorstellen, denn als den Auf- und Untergang der Sonne.« Daran hat sich wenig geändert. Neben Scheinalternativen gibt es auch echte Alternativen, die der Mensch für sich nicht nach rationalen Gründen entscheidet. Eine Alternative zu haben, schließt das Recht mit ein, sich nach Sympathie oder Gewöhnung zu entscheiden. Der Richterstuhl der Vernunft muss nicht immer besetzt sein.

Von ähnlicher Wucht wie die Alternative zwischen Sein und Nichtsein ist jene von Ich und Nicht-Ich. Wo der andere ist, kann ich nicht sein. Der vergebene Platz ist nicht meiner, das Gesicht, das ich anschaue, gehört mir nicht. Gilt dies vielleicht auch – und damit nähern wir uns gegenwärtigen Debatten – vom Verhältnis des Staats zum Einzelnen? Ein lautes Ja hätte auf diese Frage schon vor über 150 Jahren Max Stirner geantwortet. Der Vorläufer Nietzsches war einer der radikalsten Denker des Individuums. Er zahlte dafür einen, wie er selbst es empfand, hohen, aber konsequenten Preis. Der Theoretiker des Egoismus lebte am Rande, auf vielerlei Art prekär. Kein Wunder angesichts kompromissloser Einsichten: »Vor nichts hat der Staat sich mehr zu fürchten als vor dem Werte Meiner, und nichts muss er sorgfältiger zu verhüten suchen als jede mir entgegenkommende Gelegenheit, mich selbst zu verwerten. Ich bin der Todfeind des Staates, der stets in der Alternative schwebt: er oder ich. Darum hält er strenge darauf, nicht nur mich nicht gelten zu lassen, sondern auch das Meinige zu hintertreiben. Im Staate gibt es kein – Eigentum, d.h. kein Eigentum des Einzelnen, sondern nur Staatseigentum. Nur durch den Staat habe ich, was ich habe, wie ich nur durch ihn bin, was ich bin.« Stirners Hauptwerk von 1844, aus dem diese Sätze stammen, hieß denn auch »Der Einzige und sein Eigentum.«

Das Individuum, der Einzelne, der Einzige hat in Stirners ganz eigener Sicht einen je unverwechselbaren Eigensinn durch das, was er besitzt, geistig mehr noch denn materiell. Den Menschen macht das aus, worüber er frei verfügen, was er »verwerten« kann an Zeit, an Beschäftigung, an Kreativität, an Liebe und Neigung, an äußerlicher wie »innerlicher Habe«. Dass Rudolf Steiners anthroposophische Reformpädagogik an Stirner anknüpfen konnte, überrascht nicht. Der Staat wird zum »Todfeind« der freien Ich-Entfaltung, weil und insofern er »das Meinige hintertreiben« muss: durch Gesetze und Verordnungen, Steuern und Abgaben, durch Pädagogik und Militär, schlicht durch seine administrative Gewalt. Hat sich daran viel geändert im Flug der Jahrhunderte?

Sehr viel, mag man spontan einwenden. Ein freiheitlicher Rechtsstaat wie die Bundesrepublik Deutschland betrachtet Bürger nicht als Untertanen oder gar »Todfeinde«, sondern als Träger von Abwehrrechten gegen ihn, den Staat, und als Partner auf Augenhöhe und im gedeihlichen Dialog. Doch da bewegen wir uns schon auf die Untiefen der Phrasentümpel zu. Der Unterschied zwischen Staat und Gesellschaft bleibt ebenso bestehen wie jener von Gesellschaft und Person. Um harte Alternativen mag es sich nicht handeln, auch den Menschen des 21. Jahrhunderts drängt es nach Gemeinschaft und einem Leben in Sicherheit. Und doch bleibt Stirners Grundempfinden wahr. Freiheit braucht einen Entfaltungsspielraum, den der Staat prinzipiell begrenzt; aus Sicht des Staates: den er ordnet. Der Einzelne braucht die Verfügungsgewalt über das, was ihn unmittelbar angeht, sonst verkümmert er, wird träge oder böse. Und an dieser Stelle kommt die moderne Rede von der Alternativlosigkeit ins Spiel.

Stirner hatte erkannt, »dass ein Volk, welches sein Ich nach besten Kräften zur Erscheinung bringen will, den willenlosen Herrscher an seine Spitze stellt. Es befindet sich in der Alternative, entweder einem Fürsten unterworfen zu sein, der nur sich, sein individuelles Belieben verwirklicht – dann erkennt es an dem ›absoluten Herrn‹ nicht den eigenen, den sogenannten Volkswillen –, oder einen Fürsten auf den Thron zu setzen, der keinen eigenen Willen geltend macht – dann hat es einen willenlosen Fürsten, dessen Stelle ein wohlberechnetes Uhrwerk vielleicht ebenso gut versähe.« Hier klingt eine Regierung der Technokraten an, die plebiszitär kontrolliert wird. Solche Versuche gab es, sie scheiterten meist rasch. Die repräsentative parlamentarische Demokratie hat den großen Vorteil, dass sie die Chance auf ein nachhaltig konstruktives Regieren mit Volkssouveränität verbindet. Und den Nachteil, dass sich durch langes Mandat und Fraktionszwang quasimonarchische Verhältnisse einstellen können. Dann kehrt der »absolute Herr« zurück, der »sein individuelles Belieben« bis zu einem gewissen Grad durchsetzen kann, da er Macht zu verteilen vermag. Und der eben aus dieser Loyalität einklagenden Machtposition heraus absolute Antworten zu geben vermag auf die politischen Herausforderungen, alternativlose Ansagen. Denn er hat ja entschieden und somit den Raum des offenen Fragens für sich geschlossen.

Der Journalist Dirk Kurbjuweit legte im Jahr 2014 ein dramatisch betiteltes Buch vor: »Alternativlos. Merkel, die Deutschen und das Ende der Politik.« Beruhigenderweise gibt es alle drei noch, die Politik und die Deutschen und Merkel, wenn auch in einem anderen, durchaus komplizierter gewordenen Beziehungsstatus. Ob sie, wie es ganz am Ende heißt, »die Lieblingskanzlerin der Deutschen« sei, ist umstritten. Kurbjuweit schlägt die Bezeichnung »Volkskanzlerin« vor, »weil die Alternativlosigkeit in diesem Wort steckt.« Konkret und ganz zu Beginn des Buches: »Ein Sparkurs und ein weiteres Hilfspaket seien ›alternativlos‹ für Griechenland, sagte Angela Merkel im März 2010. Das verschaffte ihr die zweifelhafte Ehre, ein ›Unwort des Jahres‹ geprägt zu haben. (…) Der Begriff machte Karriere und wurde zum Signum der Kanzlerschaft Merkels. Er passt tatsächlich gut, in vielerlei Hinsicht. ›Alternativlos‹ ist ein Wort, das gern in dramatischen Situationen verwendet wird, in Krisen, wenn es nur einen Ausweg zu geben scheint. Wir leben in solchen Zeiten. Merkel musste die Finanzkrise meistern, hat immer noch mit der Euro-Krise zu tun und sieht sich seit dem Frühjahr der Ukraine-Krise ausgesetzt. In der Wirtschaftskrise von 2003 nannte Bundeskanzler Gerhard Schröder die Agenda 2010 ›alternativlos‹.«

Es ist also keineswegs alternativlos, sich auf eine spezielle Propagandistin des Alternativlosen zu berufen. Erhellend ist auch ein Blick auf die Struktur, innerhalb derer es sich am geräuschärmsten alternativlos regieren lässt. Auch hier weiß der große liberale Vordenker John Stuart Mill Rat. Er sah – worauf der Wirtschaftsjournalist Rainer Hank hinweist – »zwei Gefahren für die Demokratie: Er nannte sie die ›Diktatur der Mehrheit‹ und die ›Diktatur der Gewohnheit‹. Diktatur der Mehrheit ist heute ein anderes Wort für die Institutionalisierung der politischen Alternativlosigkeit, genannt große Koalition. Diktatur der Gewohnheit ist ein anderes Wort für die Stagnation eines Staates, der irgendwann an seinen nicht mehr finanzierbaren Ausgaben ersticken könnte.« Womöglich verbinden sich einmal beide Gefahren zu der einen demokratischen wie finanziellen Katastrophe. Dass eine sogenannte »Große Koalition« die Rede von der Alternativlosigkeit erleichtert, ist evident. Sie kann ihre Beschlüsse als Ergebnisse eines Ringens präsentieren, das weite Teile der Bevölkerung repräsentiert und somit in sich vernünftig, abgewogen, eben alternativlos sei. Die schwindende Beliebtheit dieser Konstellation liegt auch am wachsenden Verdacht, gerade so bestätige ein hermetisch abgeschlossener Machtzirkel sich fortwährend selbst.

Als Begriff wie als Inhalt ist die Alternativlosigkeit politisches Allgemeingut geworden, war es vor Merkel, wird es vermutlich nach Merkel noch sein, wenngleich die rhetorische Frequenz in jüngster Zeit etwas abgenommen hat. Margaret Thatcher übrigens gilt mit der britischen Entsprechung TINA, »there is no alternative«, als Ahnherrin des Prinzips, auf das sich nur berufen darf, wer die Reihen hinter sich geschlossen und die Öffentlichkeit vor sich hat. Alternativlos sollten in den 1970er und 1980er Jahren zahlreiche Privatisierungen ehemaliger Staatsbetriebe im Vereinigten Königreich sein. Die keineswegs nur positiven Folgen dieser einseitigen Wirtschaftspolitik lassen die damalige Methode TINA rückblickend als Rosstäuscherei erscheinen.

Schon im Februar 2009 sprach Angela Merkel von Alternativlosigkeit. Die Pleite des US-amerikanischen Investmenthauses Lehman Brothers im vorherigen Jahr hatte eine globale Finanzkrise ausgelöst, die auch die Einlagen und Ersparnisse deutscher Sparer zu gefährden drohte. Die Hypo Real Estate war in extreme finanzielle Schieflage geraten. Ein »Finanzmarktstabilisierungsergänzungsgesetz« stand bereit, um das bereits mit mehreren Milliardenpaketen unterstützte Institut ganz in Staatsbesitz zu überführen. In dieser Situation trat die Kanzlerin am 18. Februar 2009 vor die Presse und brachte »als letzte Möglichkeit auch die Möglichkeit einer Enteignung« ins Spiel: »Wir haben das sorgfältig abgewogen, und ich halte dieses Vorgehen für alternativlos.« Vom Wir zum Ich – das klang nach der umgedrehten sozialdemokratischen Leitidee. Wir, das war das Kabinett, dem damals unter anderem Finanzminister

Peer Steinbrück, Innenminister Wolfgang Schäuble, Justizministerin Brigitte Zypries und Wirtschaftsminister Karl-Theodor zu Guttenberg angehörten. Sie trugen den Beschluss mit, der durch die Verstaatlichung der Hypo Real Estate im Oktober 2009 umgesetzt wurde und so einen Präzedenzfall in der Geschichte der Bundesrepublik Deutschland markierte.

Ein Wir hatte abgewogen, ein Ich dann Alternativlosigkeit verkündet: Das war korrekt formuliert. Nur ein einzelnes mächtiges Subjekt kann das Ende des allgemeinen Räsonierens verkünden. »Roma locuta, Causa finita«, hieß es Jahrhunderte lang, wenn der Vatikan strittige theologische oder personelle Fragen entschieden hatte, und »Roma« meinte den Papst, einen wahrhaft »absoluten Herrn«. Um Steuergelder, die bereits in astronomischer Summe an eine angeblich systemrelevante Bank geflossen sind, vor dem Verdunsten zu retten, mag die Verstaatlichung Ultima Ratio gewesen sein. Der denkbar größte staatliche Eingriff in den freien Markt aber kann allein schon deshalb nicht alternativlos sein, weil seine Folgen nicht absehbar sind. Wird damit der Weg in eine dirigistische Planwirtschaft beschritten? Bleibt es bei der Ausnahme? Werden künftige Schieflagen nach immer neuen Verstaatlichungen rufen? Wird die Verantwortung der Unternehmen außer Kraft gesetzt, wenn im Fall der Fälle zur Marktbereinigung nicht der Insolvenzrichter kommt, sondern der Finanzminister mit dem Staatssäckel? Wäre regelmäßige Intervention noch mit der sozialen Marktwirtschaft vereinbar?

Auch der sogenannte »Euro-Rettungsschirm« des Jahres 2010 wurde unter demselben Etikett verhandelt. Die »nervöse Situation auf den Weltmärkten«, so der damalige Bundesfinanzminister Wolfgang Schäuble, lasse keine andere Wahl, als sich am 750 Milliarden Euro schweren Rettungspaket von EU und IWF mit deutschen Krediten und Bürgschaften in Höhe von 123 Milliarden Euro zu beteiligen, »das kann man als alternativlos bezeichnen, aber viele ärgern sich ja über die ständige Verwendung dieses Wortes. Ich glaube, die Entscheidung ist notwendig, und sie ist richtig.« Auch hier fällt der Wechsel in die Ich-Rede auf. Die als alternativlos ausgegebene politische Entscheidung kann nur ein einzelner und in seinem Namen verkünden. Alternativlosigkeit ist das Zepter der Macht.

Damit hat sie eine europäische Dimension, denn wo, wenn nicht im Brüssel und in Straßburg ballt sich die Macht des Kontinents? Der Publizist René Zeyer spricht, bestenfalls halbironisch, vom »alternativlosen Desaster«, das sich die Europäische Union selbst bereite. Es gebe »keinen undemokratischeren Begriff als ›alternativlos‹. Politiker, die ihn verwenden, gefährden die Demokratie, die sie zu bewahren vorgeben.« Gefährder solchen Zuschnitts sitzen offenbar in großer Zahl an den Schalthebeln europäischer Gemeinschaftsmacht. Zeyer erinnert an ein fast schon vergessenes Exempel dieses machtversessenen Demokratiedefizits: »Wenn die Mehrheit der Bevölkerung (...) das Vertrauen in europäische Institutionen, besser: Brüsseler Dunkelkammern wie den nicht demokratisch legitimierten Gouverneursrat, der über die Verteilung von über 700 Milliarden Euro im sogenannten Rettungsschirm Europäischer Stabilitätsmechanismus befindet, verloren hat, dann keimt und gedeiht der Wunsch nach Alternativen« – nach Alternativen innerhalb wie außerhalb des bestehenden Systems.

Und je rigider Herrschende auf der Unersetzlichkeit überkommener Verfahren beharren, desto rascher werden andere kommen und neue Verfahren ins Werk setzen. Zeyers Prognose, aufgeschrieben 2014, ist bedrängend geblieben. »Das politische System in Europa und anderswo antwortet auf den Vorwurf des Staatsbürgers: Ihr vertretet doch gar nicht mehr meine Interessen und meine Bedürfnisse, mit dem Totschlagargument: Ich, wir, sind aber alternativlos. Mag sein, dass nicht alles sehr gut funktioniert, aber alle Alternativen wären noch viel schlimmer. Staatsbankrotte, Versagen der staatlichen Ordnungsmacht, Chaos, Desaster, Diktatur, Krieg. Dabei ist offenkundig: Wenn ein Staat seine Finanzen nicht mehr im Griff hat, dann muss er seinen Bankrott erklären. Wenn ein politisches System nicht in der Lage ist, die Grundlagen des Zusammenlebens einer Gemeinschaft zu garantieren, dann ist es obsolet geworden.«

Kritik an der alternativlosen Wortwahl, die einen Denk- und einen Entscheidungsstil bezeichnet, blieb nicht aus. Bereits im Februar 2009 warnten der SPD-Politiker und damalige Bundestagsvizepräsident Wolfgang Thierse und der Politologe Herfried Münkler im gemeinsamen Interview vor einem unreflektierten Sprachgebrauch, Thierse indes mit gebremstem Schaum: Politische Entscheidungen seien »immer nur relativer Natur, niemals absoluter Natur. Das müssen Politiker und – wenn es denn irgend geht – auch Journalisten besser erklären, damit es auch verständlicher wird, gerade in einer Situation, wo die Probleme so überwältigend erscheinen, so bedrohlich, so komplex sind, dass nicht wenige Bürger auch Angst haben. Da hat die politische Klasse insgesamt, die Politiker und Journalisten gemeinsam, die verdammte Pflicht und Schuldigkeit, ihre Entscheidung zu erklären und die Entscheidungssituation nicht zu vernebeln, dadurch, dass sie sagen, es gibt gar keine Alternative.« Diese Behauptung sei eine »durchaus problematische Redeweise von Politikern wie von Journalisten«.

Thierse sieht in der Inflation des Alternativlosen vor allem ein Medienphänomen. Die zugespitzte Rede werde in einer dramatischen Entscheidungssituation auch darum verlangt, weil das »eilige Medium Fernsehen« auf solche Pointierungen setze. In der Tat ist die behauptete Alternativlosigkeit in erster Linie ein oratorisches Phänomen. Dass jemand sich hinsetzte und über viele Tage einen Essay schriebe zum Lob der Alternativlosigkeit: undenkbar. Wer schreibend sich an ein Thema herantastet, der wägt ab. Das Causa-finita-Wort braucht Mikrofone, Stellwände, klickende Kameras.

Münkler sieht es anders. »Sachdruck und Zeitzwang« würden vorgetragen, um eine Situation zu schaffen, in der »einem im Prinzip nichts anderes übrig bleibe, als so zu agieren, wie man agiere. Das widerspricht aber eigentlich den Grundprinzipien von Politik und Demokratie, nämlich zu deliberieren, um auf der Grundlage des Nachdenkens, des Reflektierens, des Erwägens von Alternativen dann eine Entscheidung zu treffen. Wenn alles alternativlos ist, dann schnellt man sozusagen zurück auf die Position eines Unternehmensmanagers oder eines Verwaltungsbeamten. Politik wäre aber eigentlich ein Drittes und davon zu unterscheiden.« Politische Kommunikation habe die Aufgabe, »zu erklären und aufzuklären auf der einen Seite und zu begeistern und mitzureißen auf der anderen. Und das, glaube ich, kann man zurzeit sagen, das fehlt.«

Fast klingt es, als hätte Münkler Stirner gelesen. Politik nach Art eines Unternehmensmanagers oder Verwaltungsbeamten deutet auf den plebiszitär ermächtigten »willenlosen Fürsten«, der nach Art eines Uhrwerks regiere. Heute jedoch ist es gerade dessen Gegenteil, ist es das große mächtige Ich, das sich mit der Rede von der Alternativlosigkeit wappnet gegen die Zumutungen öffentlicher Widerrede. Wodurch – und da ist Münkler zuzustimmen – der Eindruck entsteht, im Raum des Politischen sei die Politik an ihr Ende gelangt. Stimmt also vielleicht doch Dirk Kurbjuweits buchtitelgebende These, »das Ende der Politik« sei durch Merkels Regiment des Alternativlosen eingeläutet worden?

Der »Spiegel«-Journalist zeichnet Merkel als eine »situationistische Politikerin«, die »erstaunlich oft aus dem Affekt handelt« und gerade nicht strategisch. Sie ist mal so, mal anders, solange es dem Machterhalt dient. »Sie fragte sich weniger, wo kommt die CDU her, sondern, wo komme ich mit der CDU hin? Wie kann ich die Partei so umformen, dass sie für den modernen Bürger wählbar ist, dass ich also Kanzlerin bleibe.« Als Beispiel für Merkels »Überfallpolitik« nennt Kurbjuweit die Rente mit 67, die Energiewende, die Aussetzung der Wehrpflicht. Dadurch sei sie »als Impulsgeberin bislang ausgefallen, und genau das will sie. Die Bundeskanzlerin hat erkannt, wie die Deutschen grundsätzlich sind und versteht es ausgezeichnet, sich ihren Gemütern anzuschmiegen.« Der Satz ist erkennbar vor dem Höhepunkt der Migrationskrise im Herbst 2015 geschrieben. Und vor jenem Septembertag des Jahres 2018, als Merkel öffentlich einräumen musste, sie habe »zu wenig an das gedacht, was die Bevölkerung zu Recht bewegt«. Ist mit dieser Selbstkritik Kurbjuweits Beobachtung widerlegt, die Kategorien des Politischen verdunsteten durch eine Politik, die ihre Entscheidungen als alternativlos ausgibt? Oder Münklers Befürchtung, die »Grundprinzipien von Politik und Demokratie« würden unterminiert, wenn Entscheidungen referiert, aber nicht zuvor ausgefochten würden, zudem im emotionslosen Duktus derer, die verwalten, ohne zu gestalten?

Keineswegs. Auch wenn die Rückkehr des Politischen in den öffentlichen Raum seit 2015 zur Politisierung alltäglicher Lebensvorgänge zu werden droht, ist die Gefahr fundamentaler Entfremdung nicht gebannt. Faktisch als alternativlos gekennzeichnet sind unverändert viele Handlungsfelder, ohne dass es immer explizit würde. Der in weiten Teilen misslungene Ausstieg aus Atomkraft und Kohlestrom? Alternativlos. Die in weiten Teilen noch immer offenen Grenzen für Migranten aus aller Herren Länder? Alternativlos. Die Unterstützung der Palästinenser? Alternativlos. Die nahezu wirkungslose Mietpreisbremse? Alternativlos. Waffenlieferungen an das Partnerland Türkei? Selbstverständlich auch alternativlos.

Dass Politik in der Demokratie immer die Rückholbarkeit von Entscheidungen meint, gerät in Vergessenheit. Ein falscher Kurs muss prinzipiell und friedlich revidiert werden können. Auch hier stoßen wir auf das vertraute Paradox: Die Apologeten des Offenen setzen allzu gerne auf geschlossene Weltbilder und auf abgeschlossene Verfahren. Da wo Offenheit bitter nötig wäre, bei der steten Überprüfung von Absicht und Ertrag, wird sie verweigert. Und da wo sie normativ begrenzt werden muss, bei der Frage nach den Bedingungen des gesellschaftlichen Zusammenlebens, wird Offenheit zum Fetisch.

Insofern ist auch Volker Pispers nicht widerlegt. Der Kabarettist nahm die Aussage, der Einsatz deutscher Truppen in Afghanistan sei alternativlos, zum Anlass für eine Gegenrede. Ende Februar 2010 war das Mandat für bis zu 5.000 Soldaten vom Bundestag verlängert worden. »Es gibt«, trug Pispers vor, »einen zuverlässigen Gradmesser dafür, wann ein Mensch sich total verrannt hat. Sobald jemand beginnt, gebetsmühlenartig zu wiederholen, dass es zu seinen Ansichten oder Handlungen keine Alternative gibt, kann man getrost davon ausgehen, dass er nicht mehr ganz bei Trost ist. Wer ernsthaft davon überzeugt ist, dass es in einer Situation keine Alternative gibt, hat entweder den Bezug zur Realität komplett verloren – oder er ist derart tief in einen Sumpf gewatet, dass ihn tatsächlich jede Bewegung ins Verderben führt.« So verhalte es sich mit den Mitgliedern der Bundesregierung, »die in immer kürzeren Abständen beteuern, dass es zum Einsatz deutscher Soldaten in Afghanistan keine Alternative gibt.« Es sei der zur Gewissheit verdichtete Verdacht von der »völligen Aussichtslosigkeit dieser Mission«, die Bundeskanzlerin und Bundesverteidigungsminister das Alternativlosigkeitsmantra anstimmen ließ.

Pispers weitet die Motivlage ins Psychologische. Nicht nur Zepter einmal errungener persönlicher Macht ist diese Rhetorik. Sie kann Ausdruck sein von Hilflosigkeit, von der Devise Augen-zu-und-durch. Was einmal beschlossen wurde, bleibt für neue Anfragen geschlossen. Gesichtswahrung trifft auf Gedankenblässe. Der »Sumpf« so verstandener Berliner Politik ähnelt dem nicht nur metaphorisch gemeinten Trümmerfeld, in dem schon ein Macbeth seinen bitteren Weg suchte. Auch dieser Shakespeare'sche Held war nicht zum Herrschen geboren. Dann aber, anders als Hamlet, zaudert er nicht mehr, sondern fährt fort im Intrigieren und Abservieren. Für ihn scheint es, unterstützt und getrieben von Lady Macbeth, ab einem gewissen Zeitpunkt keine Alternative mehr zum Töten zu geben. Das Ermorden immer neuer Widersacher wird alternativlos. Bis er selbst getötet wird. Zuvor sagt er im dritten Akt, vierte Szene: »Ich bin einmal so tief in Blut gestiegen, dass, wollt' ich nun im Waten stille steh'n, Rückkehr so schwierig wär', als durch zu geh'n«. Tragödien brauchen die abschüssige Bahn. In der Politik sollte es immer Auswege und Aufschwünge geben.

Das neue Bundestagsmandat von 2010 und vier danach in Afghanistan gefallene deutsche Soldaten ließen auch Pispers' Berufskollegen Urban Priol am alternativlosen Regierungshandeln der Kanzlerin verzweifeln: »Immer, wenn sie mit ihrer Politik am Ende ist, wird die eigene Hilflosigkeit als alternativlos erklärt.« Priols Schlussfolgerung liegt erstaunlich nahe bei Münkler. »Wenn«, fuhr der Kabarettist im ZDF fort, »der größtmögliche Schwachsinn von der Politik als alternativlos verkauft wird, anstatt ihn gar nicht erst zuzulassen, wozu gehen wir dann eigentlich noch wählen?«

Damit ist die entscheidende Unwucht der Rede von der Alternativlosigkeit benannt. In den Worten des Historikers Jörg Baberowski Ende September 2018: »Wäre das politische Leben alternativlos, brauchte man keine Politiker mehr. (...) Menschen haben es in der Hand, sich den Strukturen, die sie ablehnen, weil sie sie als Bedrückung empfinden, zu widersetzen. Der Primat des Politischen muss sich gegen den Fatalismus des Alternativlosen durchsetzen. Wer das Gefühl hat, in seiner Umgebung nichts mehr bewirken zu können, in ihr nicht mehr heimisch zu sein und daran auch nichts ändern zu können, braucht auch keine Demokratie mehr. Das Regime der Alternativlosigkeit ist der Feind aller Freiheit und Selbstbestimmung«. Die Alternativlosigkeit wohnt demnach im Zentrum, ihr natürlicher Feind in der Peripherie. Kommunale Selbstverwaltung, regionale Autonomie, nationale Souveränität könnten das erodierte Vertrauen in die politischen Institutionen zurückbringen. Vor Ort gibt es immer Alternativen.

Naturgemäß gehen die Meinungen weit auseinander, bei welchen nationalen politischen Entscheidungen es sich um »Schwachsinn« handelt. Der linke Kabarettist Priol denkt da an die staatliche Unterstützung von Banken, an kommende soziale Einschnitte, den Afghanistan-Einsatz. Die Antwort auf die Suspension des Politischen kann aber kaum darin bestehen, nur noch linke Politik »zuzulassen«. Das führte ebenso zur Aushöhlung der Demokratie wie deren verfahrenstechnische Ausgliederung in Ausschuss und Expertenzirkel. Wohl aber wurde und wird das Etikett, das Endgültigkeit behauptet, zu schnell und zu häufig auf vorläufige Maßnahmen geklebt.

Auch dem CDU-Weggefährten Lothar de Maizière missfällt derartige rhetorische Instrumentalisierung. Aus seinem Unbehagen spricht die Erfahrung des ehemaligen Bürgers, letzten Ministerpräsidenten einer Republik, die sich demokratisch nannte, eine Alternative zur Bundesrepublik sein wollte und alternative Meinungen unterdrückte. Politik, so de Maizière im November 2014, sich selbst zitierend, bestehe nicht nur darin zu »sagen, was wir tun, sondern auch, warum wir es tun.« Man müsse die Alternativen transparent machen, die zu einer Entscheidung geführt haben, sie nicht »als ewige

Wahrheit oder als unabdingbare Wahrheit« verkünden; das sei »kein Vorwurf, aber dennoch, wenn die Kanzlerin bei allen möglichen Dingen immer sagt: alternativlos – es gibt im Leben nichts Alternativloses, es gibt immer Alternativen –, das halte ich für bedenklich.«

Der entgrenzten Rhetorik entspricht eine fast grenzenlose Reihe von Objekten, auf die sie angewandt wird. Es mag angehen, in wirklich dramatischer Situation unter tatsächlich hohem Zeitdruck, wenn wirklich Sein oder Nichtsein zur Wahl stehen, den einzig sinnvollen Entscheid zu treffen. Das Leben dem Tod vorzuziehen, ist alternativlos. »Bei allen möglichen Dingen« jedoch eine solche Situation zu behaupten, entwertet die eh schon heikle Redeweise durch inflationären Gebrauch weiter. Lothar de Maizière und Urban Priol und Jörg Baberowski und viele andere sehen diese Gefahr zu Recht. Bald wird es vor dem Familienurlaub heißen: Spanien oder Portugal? Lissabon ist alternativlos. So tritt, wenn die Schleusen der Begriffe nicht rechtzeitig geschlossen werden, die Rede über die Ufer und wird trivial.

Gänzlich untrivial können freilich die politischen Folgen sein. Hätten sich in den frühen 1980er Jahren grün-alternative Listen gebildet, wenn der Umweltschutz nicht von den etablierten Parteien als eine vernachlässigbare Alternative betrachtet worden wäre? Hätte sich die »Alternative für Deutschland« 2013 in dieser Form gegründet, wäre damals nicht schon ein Jahrfünft vermeintlich alternativloser Regierungspolitik ins Land gezogen? Nicht nur der Medienwissenschaftler Bernd Gäbler sieht diesen Zusammenhang: Die Kanzlerin habe »in zwei großen Fragen – bei der Eurorettungspolitik, das war die erste Phase des Entstehens der AfD, und dann bei der Flüchtlingskrise –

eine Politik behauptet, die alternativlos war. Da regte sich natürlich Widerstand. Diesen Widerstand hat diese Partei ausgedrückt, und sie ist dann sehr dynamisch größer geworden.«

Der Mensch ist gar nicht so schwer zu durchschauen, eigentlich: Es dürstet ihn nach Gemeinschaft, nach Bestätigung, nach Alternativen. Wer ihm immer denselben Eintopf vorsetzt, muss damit rechnen, dass er bald woanders zu Tisch sitzt. Wer ihn abkanzelt von oben herab, wird seine Kanzel verlieren, früher oder später. Wer ihn zurückstößt in die Vereinzelung und ihm Ecken anweist, wird erleben, dass er sich dort mit anderen Randständigen zusammentut. Natürlich, Max Stirner stimmte da nicht zu. Er wollte als ein Einziger glücklich werden mit seinem inneren wie äußeren Eigentum. Doch er wusste, was wirklich alternativlos ist: »Nicht in der Zukunft, ein Gegenstand der Sehnsucht, liegt der wahre Mensch, sondern daseiend und wirklich liegt er in der Gegenwart. Wie und wer ich auch sei, freudvoll und leidvoll, ein Kind oder ein Greis, in Zuversicht oder Zweifel, im Schlaf oder im Wachen, ich bin es, ich bin der wahre Mensch.«

KAPITEL 15

»Wir müssen zur Sacharbeit zurückkehren«

Worte sind wie Türen. Sie können den Raum der Gedanken abschließen oder aufschließen, können Neues eröffnen oder Altes verriegeln. Man kann mit ihnen eine Überschrift setzen, die nach vielen Zeilen verlangt und vielen Individuen, die ihr lauthals zustimmen, oder mit ihnen einen Schlussstrich ziehen, der gegen Nachfrage und Vergemeinschaftung sich sperrt. Worte sind das Zepter auf hohem Thron oder Spielball der Menge. Insofern ist der Appell, jetzt doch bitteschön zur Sacharbeit zurückzukehren, eine sehr raffinierte Phrase. Sie vermittelt im Moment der Unordnung den Eindruck, die Ordnung sei der Normalfall. Sie ist scheinbar an jene gerichtet, die sich eines Ordnungsvergehens schuldig gemacht haben, während sie letztlich die öffentliche Ordnung schilt.

Wider die Ordnung verstieß zum Beispiel der Politiker und damalige CDU-Generalsekretär Laurenz Meyer, der von seinem einstigen Arbeitgeber RWE Zahlungen auch dann noch angenommen hatte, als er bereits in das politische Amt gewechselt war. Kurz vor Weihnachten 2004 musste Meyer deshalb auf Druck der Parteivorsitzenden und Oppositionsführerin Angela Merkel den Posten des Generalsekretärs abgeben. Damit waren die Voraussetzungen geschaffen, dass die für die CDU unersprießliche Debatte sich nicht ins neue Jahre schleppte. Mehrere Spitzenpolitiker der CDU forderten daraufhin eine »Rückkehr zur Sacharbeit«, etwa Friedrich Merz,

Dieter Althaus, Volker Kauder. Das Hindernis, das zuvor der Sacharbeit im Weg gestanden hatte, war einerseits der glücklich entfernte Generalsekretär, andererseits eine Öffentlichkeit, die partout nicht Ruhe gab und sich an immer neuen Enthüllungen ergötzte.

Die Sacharbeit wird als Heimathafen der Politik immer dann präsentiert, wenn auf hoher politischer See schlimmste Unwetter toben. Sacharbeit ist die Verheißung des geregelten Ganges, ist das ruhige Arbeiten unter Deck, von keinem Scheinwerfer der Öffentlichkeit belästigt. Sacharbeit ist Büroarbeit, Kabinettsarbeit, Kärrnerarbeit, meint Aktenstudium und Nachtsitzung. Bismarck rühmte in diesem Sinn Friedrich den Großen und die »Geduld, mit welcher er sich vor definitiven Entscheidungen über Rechts- und Sachfragen unterrichtete, die Gutachten kompetenter und sachkundiger Geschäftsleute hörte«. Zwischen den Zeilen der Bismarckschen »Gedanken und Erinnerungen« wird deutlich, dass Kaiser Wilhelm II., Bismarcks Vorgesetzter, über dieselben Fähigkeiten nicht im selben Umfang verfügte. Dass beharrliche Sachpolitik im Kleinen aller politischen Entscheidung im Großen vorgelagert ist: Der große Fritz wusste es.

Sacharbeit ist mithin das Gegenteil von Tüdülüt. Wer mag da dem Hamburger SPD-Politiker Johannes Kahrs widersprechen? Dass dieser selbst zuweilen zum großen Theaterdonner neigt und »dieses menschliche Miteinander (...) nach außen trägt«, was sich doch laut Kahrs' Mahnung von September 2007 »nicht gehört« und »überflüssig ist«: geschenkt. Bekanntlich gehen Wegweiser selten den Weg, den sie weisen, worüber schon Arthur Schopenhauer sinnierte. Recht hat Kahrs, wenn er eine damals aktuelle SPD-Krise, die auf den

Namen Kurt Beck hörte, mit den Worten einzudämmen versucht: »Es geht ja nicht darum, dass man sich jetzt gegenseitig zerfleischt, sondern es geht darum, dass man die gute Sachpolitik, die wir machen, nach vorne bringt und nicht das ganze Tüdülüt, was in so einer Partei stattfindet, dieses menschliche Miteinander dann auch noch nach außen trägt. Das gehört sich nicht, das ist überflüssig.«

Wer Sacharbeit, Sachpolitik aufruft, der unterstellt, dass es diese gebe, und zwar fast immer, abgesehen vom krisenhaften Moment, da an sie appelliert werden muss. So einfach liegen die Dinge freilich nicht. Die Sacharbeit der Sacharbeiter, die gute alte Bürokratie, läuft unablässig mit im Hintergrund des Staatsgeschehens. Dass dieser Hintergrund die Norm setzte, ist ebenso falsch wie die Unterstellung, es handle sich immer um »gute Sachpolitik«. Auch die späte Merkel kontrastierte gerne eine »in weiten Teilen sehr ordentliche Sacharbeit« mit einem »inakzeptablen« Bild, das die Regierung abgebe, und einer miesen »Arbeitskultur« – so in ihrer Erklärung vom 29. Oktober 2018, mit der sie den Verzicht auf eine erneute Kandidatur für den CDU-Parteivorsitz ankündigte. Diese Polarität aber stimmt nicht. Gute Sacharbeit und schlechte Arbeitskultur passen nicht zusammen. Wer schlecht zusammenarbeitet, kann zu keinen guten Ergebnissen gelangen. Und gute Sachpolitik, wie sie Kahrs elf Jahre zuvor auch für die SPD reklamierte, ist nicht gerade dann selbstverständlich, wenn Personaldebatten Arbeits- und Aufmerksamkeitskräfte binden. Eher ist es so: Die Exzellenz der Sacharbeit wird behauptet, wenn sie darniederliegt.

Außerdem ist »das ganze Tüdülüt« mehr als eine überflüssige Zutat zum politischen Geschehen. Es ist dessen ureigenes Ferment. Parteien brauchen Programme, und Personen machen Programme. Wer will was von wem, mit wem, gegen wen: über eine solch triviale Trias mag mancher Politikwissenschaftler die Nase rümpfen, doch mit diesen Fragen beginnt alle Politik. Sie endet, wenn es dabei bleibt und Personen Programme okkupieren, gewiss, doch der Mythos von der menschlich neutralen Sachpolitik ist eben wirklich ein Mythos.

Als im Frühsommer des Jahres 2008 wieder einmal großkoalitionäres Kriseln angesagt war, forderte ein neuer CDU-Generalsekretär, später verhaltensauffällig geworden durch das Beschimpfen eines unabhängigen Parteifreundes mit dem Hasswort für Antlitz, forderte also Ronald Pofalla, sich »die nächsten Wochen und Monate auf die Sachpolitik zu konzentrieren. Ich verstehe, dass es in der Öffentlichkeit immer ein hohes Interesse an personalpolitischen Entscheidungen gibt. Deshalb noch mal: Wir müssen jetzt die Sacharbeit leisten.« In knapper Form waren damit die beiden Adressaten, an welche diese Phrase immer gerichtet ist, angesprochen, die Politprofis und die Öffentlichkeit. An die Partei- und Regierungskollegen wendet sich die Phrase im selben Atemzug und im selben belehrenden Tonfall wie an die interessierte Gesellschaft und deren Medien. Letztere sollen nicht mehr so penetrant hinschauen und Erstere weniger Anlass zur Aufmerksamkeit geben. Ein unfrommer Doppelwunsch. Die Phrase stellt den, der sie ausspricht, von aller Verantwortung frei für die Krise, aufgrund derer er zu ihr gegriffen hat. Der Appell, nun zur Sacharbeit zurückzukehren, trägt in sich die anmaßende Behauptung, es seien die anderen, die die Sacharbeit verhinderten, durch ihre grellen Scheinwerfer von außen oder ihr zermürbendes Verhalten von innen.

Momentan sei »das Bild, was wir in der Öffentlichkeit liefern, auf Bundesebene jämmerlich, wirklich jämmerlich, und wenn wir nicht schnellstmöglich zur Sachpolitik zurückkehren, den Menschen deutlich machen,« wofür die Partei »in der Sache steht und streitet«, dann werden die Menschen sich in all ihrer Ratlosigkeit abwenden. Wer hat's gesagt? Und wann gesagt? Jedes Jahr und jede Partei kommen in Frage, hier war es die Lage der FDP, die Wolfgang Kubicki Ende 2011 erhöhten Phrasenbedarf erkennen ließ. Wie im August 2014 den CSU-Kollegen Erwin Huber, als die Parteifreundin Christine Haderthauer in der »Modellbau-Affäre« in Rechtfertigungsnöte geriet und Rücktrittsgründe lieferte: »Natürlich muss es jetzt um Sachpolitik gehen. Ich verstehe natürlich schon, dass in den Medien die Personalfragen, irgendwie Spekulationen dazu vielleicht mehr schlagzeilenträchtig sind, aber gerade uns Politikern muss es eigentlich darum gehen, den Bürgern klarzumachen: Es geht um die Sachfragen.« Wer derart panisch Sachfragen in der Sachpolitik beschwört, hat beide verloren. Medien und Bürger hier, das Gruppensubjekt der Politiker da sind die in der Phrase aneinander gekoppelten Vordergrundakteure, denen die Verantwortung für schlechtes Hintergrundmanagemant zugeschoben wird.

Die Forderung der SPD-Politikerin und Bundesjustizministerin Katarina Barley im Juli 2018, die Berliner Regierungspartner CDU und CSU mögen »zur Sacharbeit zurückkehren« und nicht länger untereinander über den richtigen Kurs in der Migrationspolitik streiten, ist verständlich und wohlfeil. Verständlich, weil ein Dreierbündnis unrund läuft, wenn zwei Beteiligte einander intensiv beharken und der Dritte im Bund zum Zuschauen verdammt ist. Wohlfeil, weil es zwar immer Sacharbeit, aber nie eine Rückkehr zu dieser geben kann, eine Heimkehr ein für allemal ins Becken der ordnungsgemäßen Abläufe. Es gibt beide zusammen und inwendig verschlungen, die Sach- und die Personalpolitik, oder gar keine Politik. Es gibt den Scheinwerfer des öffentlichen Interesses, der sich nicht von denen herunter dimmen lässt, denen er gilt. Und es gibt das emsige oder zähe, dumme oder kluge Kleinklein der täglichen politischen Abläufe. Weil der Ruf nach Rückkehr zur Sacharbeit eine pathetisch hochgerüstete, inhaltlich hohle Aufforderung an Abwesende ist, die Kreise des Rufenden nicht zu stören, sollte dieser Ruf künftig seltener ertönen.

Eine Politik, die ausschließlich den Zwängen der Sacharbeit unterworfen wäre, hätte kein Herz, keinen Verstand, doch einen Rechenschieber anstelle des Rückgrats. Bürokratien können Unheil ausschwitzen. Und auch da werden Phrasen sein.

Bibliografische Information der Deutschen Nationalbibliothek
Die Deutsche Nationalbibliothek verzeichnet diese Publikation in der Deutschen Nationalbibliografie; detaillierte bibliografische Daten sind im Internet über https://portal.dnb.de abrufbar.

Klimaneutral
Druckprodukt
climate-id.com/12559-1708-1001

FSC
www.fsc.org
MIX
Papier aus verantwortungsvollen Quellen
FSC® C014889

Verlagsgruppe Random House FSC® N001967

1. Auflage

Umschlagmotiv: © basketman26 – Fotolia.com
Druck und Bindung: Friedrich Pustet GmbH & Co. KG, Regensburg
Printed in Germany
ISBN 978-3-579-01474-6

www.gtvh.de